Ich mag den vielseitigen Fisch

Ich mag den vielseitigen Fisch

Heiter-Besinnliches
über einen
unverwechselbaren
Menschen

Scherz

Zusammengestellt von
Hedwig Rottensteiner

Scherz Verlag, Bern, München, Wien

Inhalt

Wanderer in höheren Sphären

Die Fische, das letzte Zeichen des Tierkreises, scheinen ein wenig von allen anderen Zeichen in sich zu haben. Niemand ist von Natur aus so sehr ein Chamäleon und ein Schauspieler wie die Fische, deren Regent *Neptun* ist, der unberechenbare Gott der Meere und der unterirdischen Wasserläufe. In der Welt des Theaters und des Films wimmelt es von Fischen. Fische-Menschen haben etwas wunderbar Fließendes und Vielschichtiges an sich, das abwechselnd bezaubern und ärgern kann. Sie sind aus so vielen Menschen zusammengesetzt, daß man sich zu fragen beginnt, wann endlich der echte Fisch zu sehen sein wird.

Oft wird gesagt, die Fische seien dazu bestimmt, entweder zu dienen oder zu leiden. In gewisser Weise scheint das wahr zu sein, geht aber doch zu sehr ins Extreme. Aber die Neigung der Fische, zu den Menschen zu werden, mit denen sie sehr verbunden sind, bringt viele von ihnen dazu, sich stark unterzuordnen. Manchmal werden die Fische als «wischiwaschi» bezeichnet, weil sie eine Passivität und Trägheit an sich haben, die am deutlichsten sichtbar wird, sobald sie in eine Krise geraten. Ein Fisch in einer Zwangslage ist unfähig, eine rasche Entscheidung zu fällen und zu handeln. Eine schnellgetroffene Entscheidung hieße ja, eine Wahlmöglichkeit zugunsten einer anderen aufzugeben. Für die Fische gibt es zu viele Wahlmöglichkeiten; und wenn man sie alle gründlich betrachtet, hat einfach jede etwas Gutes an sich. Wie also soll man wählen, wenn jede Möglichkeit richtig und zugleich falsch ist?

Dies ist einer der Schlüssel zum oft so rätselvollen Verhalten der Fische: Alles ist relativ. Wie alle Eigenschaften der Tierkreiszeichen hat auch diese zwei Seiten. Die Relativität der Wahrheit zu sehen, ist eine große Gabe, denn sie führt zur Toleranz. Wenn alles relativ ist, kann man andere nicht wegen ihrer Ansichten verdammen. Leider aber kann diese Einstellung unglaublich lax sein.

Den Fischen ist schon vorgeworfen worden, sie wären unmoralisch. Das trifft nicht wirklich zu; um unmoralisch zu sein, muß man Moralregeln brechen. Die ruhige, weise Gleichgültigkeit, mit der Fische menschliche Übergriffe hinnehmen, ist manchmal geradezu erschütternd. Der Fisch wird sich still verhalten, wenn seine Frau ihn verläßt, seine Kinder ihn beleidigen, sein Chef ihn beschimpft, das Finanzamt ihm sein halbes Gehalt abjagt und sein Vermieter ihn auf die Straße setzt. Mit stiller Gelassenheit nehmen viele Fische Schicksalsschläge hin, als seien sie ihnen vorbestimmt, als erwarteten sie sie und hießen sie willkommen. Vielleicht wissen sie etwas, das anderen Zeichen entgeht: daß all dieses Leiden, all dieses Unglück nicht viel bedeutet, wenn man nicht so fest am Leben hängt.

Die Fische sind das Zeichen der Mystik. Viele Fische sind tief religiös, ohne dabei orthodox sein zu müssen. Aber sie sehnen sich nach einer anderen Wirklichkeit, nach etwas Transzendentem, Magischem, Unfaßbarem, neben dem das gewöhnliche Leben schal und inhaltslos erscheint, als ein Tal der Tränen. Der Fisch hat die tiefe Weisheit, die Nichtigkeit aller menschlichen Begierden zu sehen. Wilder Ehrgeiz, machtvolle Leidenschaft, Habsucht und Gier – diese beherrschenden menschlichen Motive, die uns alle vorwärtstreiben – haben wenig Macht über ihn. Wie jedes andere Zeichen sind auch die Fische zu diesen Gefühlen fähig, aber irgendwie und irgendwo tief in ihnen nehmen sie sie einfach nicht so ernst. Schließlich ist dies alles nur *maya*, wie es die östlichen Philosophien nennen – nur Illusion.

Die Fische scheinen diese seltsame, etwas zynische Weisheit vom Leben und den Menschen schon von Kindheit an zu haben. Wie die beiden anderen Wasserzeichen Krebs und Skorpion erfassen sie instinktiv die verborgenen Strömungen hinter dem normalen menschlichen Verhalten. Es ist schwer, einen Fisch zu täuschen. Aber der Unterschied zwischen ihm und den beiden anderen Wasserzeichen ist der, daß der Krebs und der Skorpion an die eigenen Emotionen gebunden sind und deshalb gefühlsmäßig handeln. Wenn der Krebs spürt, daß er einem anderen nicht so recht trauen kann, wird er sich und die Seinen schützen. Wenn der Skorpion das spürt, wird er den Feind angreifen und ihm eine Lektion erteilen oder sich voller Unwillen zurückziehen. Der Fisch hingegen beobachtet, sieht, ist traurig und vergibt. Meistens wird er sich auch noch ausnützen oder betrügen lassen, obwohl er alles genau erkennt. «So wichtig ist das nicht», sagt er. Oder: «Für den anderen war es wichtiger als für mich.» Diese Antworten erinnern einen immer wieder daran, daß unsere materielle Welt nicht die wirkliche Welt der Fische ist.

Der Fisch ist ein Geschöpf, das unter der Wasseroberfläche lebt. Auch die Fische des Tierkreiszeichens tun dies. Sie bewegen sich in der Tiefe einer für einen luftigen, irdischen, rationalen Menschen schwer auslotbaren Welt. Alles wird doppelt oder vierfach gesehen, nichts ist jemals einfach oder klar. Jeder Gedanke und jede Handlung hat

Tausende von Assoziationen, die in alle Ewigkeit Wellen schlagen. Fische erkennen keine Grenzen. Man kann das leicht an ihren Lebensgewohnheiten feststellen. Ein Fische-Mensch kann essen, bis ihm schlecht wird, trinken, bis er zusammenbricht, so laut und extravertiert werden, daß alle beleidigt sind, oder so still und abweisend sein, daß alle Angst bekommen. Er tut alles im Übermaß. Das liegt daran, daß er nicht richtig weiß, wie man unterscheidet, wie man einschränkt und wie man wählt. Wer jemals ein Aquarium mit tropischen Fischen gehabt hat, weiß, daß man nicht Futter für eine Woche hineinstreuen und dann verreisen kann. Ein Fisch ißt, was vor seinem Maul ist, bis er stirbt. Auch das Zeichen der Fische kennt keine Mäßigung. Woher auch? Der Fisch entstammt einer anderen Welt und kennt die Gesetze nicht, die für die klare, kalte Welt der Tatsachen gelten.

Dieses schwere Versagen kann er nur durch eine grenzenlose Phantasie ausgleichen. Auch hier kennt der Fisch keine Schranken. Er kann sich einfach alles vorstellen. Fische kennen das Geheimnis der Quelle des Lebens, des Reichs der Träume und der Phantasie. Die Psychologie nennt dies das Unterbewußte. Zu dieser Welt besitzen die Fische einen Schlüssel, den sie schon in die Wiege gelegt bekommen haben. Sie können darin ein und aus gehen, wie es ihnen gefällt. Schwierig ist nur, daß es ihnen manchmal schwerfällt, in die nüchterne Alltagswelt mit ihren prosaischen Anforderungen zurückzufinden.

Fische haben große Schwierigkeiten mit der Wirklichkeit. Das heißt, mit einer Wirklichkeit, die durch Zeit und Raum, Gegebenheiten und Tatsachen eingegrenzt ist. Obwohl ihre Intuition blitzschnell reagiert und ihr Verstand glasklar ist, übersehen sie häufig simple Dinge wie die Stromrechnung. In bezug auf Geld haben die Fische einen schlechten Ruf. Nicht daß sie unpraktisch wären; gelegentlich können sie sogar knauserig sein oder nicht ganz einwandfreie Vorstellungen davon haben, wie man ans große Geld kommt. Es liegt mehr daran, daß sie keine Einschränkungen ertragen können und wollen. Das ganze Konzept, von Zeit, Raum und anderen Menschen in Grenzen verwiesen zu werden, ist für die Fische mehr als enervierend. Ihr Geist ist größeren Dingen zugewendet.

Das kann für die erdgebundenen oder die Luft-Typen, die alles planen, strukturieren oder erklären möchten, sehr irritierend sein. Obwohl ein Fisch als Wasserzeichen sich häufig mit einem Luftzeichen verbindet, sehen beide die Wirklichkeit ganz verschieden. Für den Fisch ist alles nicht so wichtig. Er neigt eher dazu, kurz entschlossen nach Tahiti zu fliegen oder einen Porsche zu kaufen, als sechs Monate vorher seinen Urlaub mit einer Reisegesellschaft zu planen und ein sparsames, vernünftiges Auto zu kaufen. Solche Dinge sind der Grund dafür, daß man die Fische kindisch und unvernünftig nennt. Das aber ist unfair, denn bei den ihnen wichtigen Dingen sind sie sehr verantwortungsbewußt. Ihre Vorstellung von dem, was wichtig ist, unterscheidet sich einfach von der anderer Menschen.

Fische sind unheilbare Romantiker. Sie haben Methoden, das zu verbergen, aber sie werden von der Geburt bis zum Tod Romantiker bleiben. Dabei geht es nicht nur um Liebesdinge, sondern um alles im Leben. Sie leben in ihrer Phantasie, und in dieser Phantasie ist alles wie ein Film, der ständig die Szenen wechselt. Die Fische langweilen sich schneller als jedes andere Zeichen. Die sich ständig wandelnde Landschaft des fließenden Meeresgrundes läßt sich nicht gut durch die unveränderliche Banalität des Lebens auf dem trockenen Land ersetzen. Fische brauchen Theater. Oft zerstört der Fisch sich damit, aber sogar das hat noch einen dramatischen Beiklang.

Wer zuverlässige, solide Menschen schätzt, die meinen, was sie sagen, es sogar noch nächste oder übernächste Woche meinen, hält sich von den Fischen besser fern. Das einzige wirklich Beständige an ihnen ist die Liebe und das Bedürfnis nach Wechsel. Für sie liegt das Glück in der Veränderung und in der Verbundenheit mit ihrer Traumwelt, die ihnen wichtiger ist als die Realitäten eines Sozialstaates, in dem Nahrung, Unterkunft, freie medizinische Versorgung und wöchentlich zwei, drei Abende in der Kneipe mit Glück gleichgesetzt werden. Das ist nichts für die Fische. Der Fisch braucht Blumen für die Seele. Er ist erstaunlich anpassungsfähig und kann in einer Dachkammer leben; aber Dachkammern sind romantisch, Sozialwohnungen nicht.

Die Fische sind das letzte Zeichen, die Vollendung des Tierkreises. Jedes Zeichen hinterläßt seine Spur in dem der Fische. Es gibt kein spezielles Fische-Dilemma; die Fische verkörpern das allgemein menschliche Dilemma. In diesem letzten Zeichen des Tierkreises sehen wir die Widerspiegelung der ganzen Hilflosigkeit des Menschen, seine Sehnsüchte, seine Träume, seine Nöte, seine Machtlosigkeit angesichts des Universums, seinen Größenwahn, sein Sehnen nach Liebe, sein Ahnen eines Geheimnisses oder einer göttlichen Quelle, nach der er sucht, die er aber niemals ohne große Opfer erreichen kann.

In jedem Fisch, symbolisiert durch die beiden Fische, die in verschiedene Richtungen schwimmen, aber durch ein goldendes Band zusammengehalten werden, existiert die Schwierigkeit des Aufeinandertreffens zweier Dimensionen. Die eine steht für die Tatsachen und greifbaren Realitäten, die andere aber ist die Meerjungfrau, die in der Tiefe lebt, gelegentlich daraus auftaucht, den Sonnenschein einfängt und die Sterblichen an der Küste bezaubert. Wie dieses Aufeinanderprallen bewältigt wird, macht die Lebensgeschichte eines jeden Fisches aus. Manchen Fische folgen der Meerjungfrau in die Tiefe und vergessen, daß menschliche Lungen unter Wasser nicht atmen können. Sie werden zu Drogensüchtigen, Alkoholikern, Hoffnungslosen, Verzweifelten, Heruntergekommenen. In anderen Fischen aber sehen wir den Genius. Bei ihnen wird die Meerjungfrau, der Blick in andere Welten, die in ihrer Größe und Unendlichkeit dem gewöhnlichen Verstand kaum faßbar sind, ins Geistige übertragen. Sie schenken der Menschheit einen Schlüssel zu den unbekannten Tiefen.

Es liegt auf der Hand, daß nicht jeder Fisch entweder ein Genie oder ein Stadtstreicher ist. Aber vielleicht ist es die Aufgabe eines jeden Fisches, sich auf irgendeine Weise mit dem Reich des Überpersönlichen zu arrangieren und den Mut zu haben, dessen Sprachrohr zu sein. Hier treffen wir auf die Dichter und Musiker, die großen Schauspieler und Dramatiker, die Visionäre und Mystiker, die versuchen, das alltägliche Leben zu überhöhen. Das kann ihnen mit einem Kunstwerk, aber auch mit schlichter Menschenliebe gelingen.

Die Fische sind ein wandelbares, veränderungsfähiges Zeichen, leicht zu beeinflussen und oft gefallsüchtig. Die Fische lassen sich durch eine feindliche Umwelt leichter als jedes andere Zeichen verformen oder unter Druck setzen. Und der normale Fisch tarnt sich vor sich selbst mit einer realistischen Einstellung zum Leben.

Viele Fische, besonders die, die zum Mystizismus neigen, sind sich bewußt, daß sie – und die Menschheit – eine Art Zwischenstufe zwischen dem Animalischen und dem Göttlichen sind. Das muß zu Problemen führen. Sich zweier solcher Dimensionen bewußt zu sein, ist reichlich verwirrend, besonders dann, wenn die eine gerade dann aufzutauchen pflegt, wenn die andere allein die Vorherrschaft haben sollte. Kein Wunder, wenn von den Fischen behauptet wird, sie wären oft zu verwirrt.

Der Drang zur Selbstaufopferung ist bei den Fischen sehr stark ausgeprägt. Häufig begegnet man Fischen, die verzweifelt nach einer Sache suchen, der sie sich verschreiben oder für die sie sich sogar opfern können. Dies ist ein Grad von Ekstase, den die anderen Zeichen nicht teilen wollen, weil sie alle sich eigenen Selbstwert bewahrt haben. Die Fische haben das nicht; sie sind die Vollendung des Kreises, sein Ende. Daher die starke Neigung, alles aufgeben zu wollen, es zu opfern, sich aufzulösen und zu verschwinden.

Mitgefühl und unpersönliche, unvoreingenommene Liebe sind ebenfalls Fische-Tugenden, die auf diese Stellung im Tierkreis zurückgeführt werden können. Liebe deinen Nächsten wie dich selbst, biete auch die andere Wange – der Fisch will es wahrmachen und tut es auch oft.

Sein Geheimnis in der Liebe

Der Wechsel ist ihm wohlvertraut

Mit der geheimnisvollen Weisheit des die Fische beherrschenden Planeten Neptun wissen diese, daß Traurigkeit und Häßlichkeit nicht Teile von Gottes Plan sind. Sie haben einen Blick auf die Schönheit der Wahrheit erhascht, und die Brillanz dieser mystischen Vision löst in ihnen den Drang aus, sich den negativen Erfahrungen auf dieser Welt zu entziehen. Die Fische vermeiden also oft Konfrontationen und Spannungen durch Tagträumereien, künstlerische Kreation, philosophisches Theoretisieren, Meditation oder religiöse Zurückgezogenheit. Fische werden vielleicht Lehrer, Mönche, Nonnen, Mystiker, Künstler, Musiker, abstrakte Mathematiker oder intuitive Wissenschaftler. Es ist manchmal ein schwieriges und kompliziertes Stadium für die Seele, da die Sonnenzeichen- Erfahrung für den Fische-Mann oder die Fische-Frau mit Versuchungen beladen ist.

Da sie im Unterbewußtsein «alles schon einmal mitgemacht» haben, bringen die Fische ein natürliches Mitgefühl für die Schwierigkeiten ihrer Mitmenschen auf. Die Neptun-Seele ist mit den Wechselhaftigkeiten des Lebens vertraut, versteht die Schwächen der menschlichen Natur und neigt daher eher zu Mitleid, als die Fehler der Menschen zu verdammen. Und daher wenden sich andere sehr oft mit ihren Geheimnissen, Befürchtungen und Sorgen an diese «alten Seelen». Doch ist deren erster Instinkt, sich von den heiklen Verwicklungen jeder Art fernzuhalten. Nur wenn die Fische den Mut finden, ihren eigenen Problemen mit der gleichen spirituellen Weisheit gegenüberzutreten, die sie anderen anbieten, können die Neptun-Geheimnisse ergründet werden. Diese Seelen sind vergebender, zärtlicher; denn die Fische versichern: «Ich glaube.»

Um den vollen Glanz und die Wahrheit der Liebe zu erkennen, können die Fische, wenn sie wollen, auf die Unschuld des Widders, die Geduld des Stiers, das Bewußtsein des Zwillings, das Wahrnehmungsvermögen des Krebses, die Vornehmheit des Löwen, das Unterscheidungsvermögen der Jungfrau, die Urteilskraft der Waage, den Scharfsinn des Skorpions, die Ehrlichkeit des Schützen, die Weisheit des Steinbocks – und die Menschlichkeit des Wassermanns zurückgreifen. Doch manchmal führen diese vielen Fragmente geheimen Wissens nur dazu, die Fische zu verwirren, und verleiten sie, den leichteren Pfad passiven Zurückweichens zu nehmen.

Die positiven Eigenschaften der Fische sind Bescheidenheit, Mitgefühl, Empfindsamkeit, geistige Wachsamkeit, psychisches Verständnis, philosophischer Einblick und heilende Kraft. In negativer Form kommen sie zum Ausdruck in Schüchternheit, Besorgnis, Trägheit, Lüge und Willensschwäche.

Für die Fische bedeutet Liebe selbstlose Unterwerfung des Ichs unter das Verlangen, eins zu werden. Die Fische erhalten mehr Vergnügen durch das Geben als durch Nehmen, mehr Glück durch Dienen als darin, bedient zu werden. Doch der rätselhafte Neptun stellt die Fische mit dem Zauber vielfältiger sinnlicher und romantischer Erfahrungen auf die Probe – und treibt sie gelegentlich von einer Affäre in die andere. Durch Promiskuität oder das Gegenteil, den Rückzug in ein Einsiedlerdasein – flüchten die umsichtigen Fische vor der Gefahr, sich im Netz tiefer emotionaler Bindungen zu verfangen.

Doch der Fische-Mensch, der dieser Versuchung widersteht, die Schmerzen der Liebe zu vermeiden – indem er nur das Vergnügen sucht –, wird von dem endgültigen Geheimnis der Liebe reichlich belohnt. Dann erblickt er vielleicht die wahre Leidenschaft einer Verbindung von Verstand, Herz und Geist, die zu einer seltenen physischen Ekstase führt.

Die dunklen Seiten

Fehlender Wirklichkeitssinn führt zu Enttäuschungen

In einem von soviel schönen Bestrebungen und Sehnsüchten nach Reinheit, Hingabe, Güte, Gnade, Mitgefühl und Selbstaufopferung durchfluteten Haus muß im Keller zwangsläufig ein riesengroßer Schatten lauern. Das ist einfach ein Grundgesetz des Lebens und tritt nirgendwo klarer in Erscheinung als beim Zeichen der Fische.

Die Fische kennen keine Grenzen. Daher ihr Verlangen nach der Vereinigung mit dem Göttlichen, mit der Quelle des Lebens. Ob dies nun durch religiöses Sehnen, schöpferische Ausdruckskraft oder Heroin erreicht wird, ist ihnen weniger wichtig als die Erfahrung selbst. Auch der Schatten-Fisch kennt keine Grenzen. Sein Name ist Macht.

In normalen Situationen wird der Fisch meist das Opfer sein. Wir begegnen diesem Phänomen bei vielen Fischen. Sie werden ausgenützt, übervorteilt, finanziell und in ihrem Mitgefühl ausgenommen, wegen ihres Mitleids versklavt und durch ihre Neigung, sich für die Sünden anderer schuldig zu fühlen, verpflichtet. Es ist fast unvermeidlich ein Fisch, der beim gewalttätigen Partner ausharrt, der die schizophrene Frau betreut, der das zurückgebliebene Kind aufzieht, die kränkliche Mutter unterstützt und dieses oder jenes aufgibt, um einem anderen zu helfen. Manchmal ist es schwer festzustellen, ob die Fische die edelsten oder die dümmsten aller menschlichen Wesen sind; ob sie wahre Heilige oder Tyrannen sind, die eine gewaltige Macht dadurch ausüben, daß sie anderen das Gefühl geben, ihnen hoffnungslos verpflichtet zu sein. Niemand hat soviel Macht wie ein Märtyrer. Die Fische haben beides in sich, den Märtyrer und den Tyrannen.

Viele Fische nähren in sich heimliche Phantasien. Da sie sich als die machtlosesten aller Sterblichen fühlen, sehen sie sich heimlich als Weltbeherrscher. Das ist durchaus verständlich, aber es wird ärgerlich, ja sogar gefährlich, wenn sie es selbst nicht bemerken und nichts dagegen tun.

Wenn ein empfindsamer Fisch zu brutal unter Druck gesetzt wird – was dem Zeichen häufig geschieht, weil die Menschen in ihm die Widerspiegelung ihrer eigenen gefürchteten Schwächen und Verwundbarkeiten sehen –, kann er sich durch Grausamkeit Luft machen. Diese verwirrende Eigenschaft mancher Fische ist unbegreiflich, tritt aber häufig in Erscheinung, angefangen mit dem Schulkind, das seine Mitschüler oder Tiere quält, bis hin zum Psychotiker. Warum? Die Fische stellen nicht so sehr den Typ *eines* Menschen dar als die Wiedergabe der menschlichen Natur an sich. Der Fisch, das sind wir alle. Darum ist er auch so oft das Opfer. Das mag überspitzt formuliert sein, aber es ist so. Im Lebensmuster eines Fisches ist das Spiegelbild eines jeden Menschen zu sehen; vielleicht verzerrt und übertrieben, aber eine wahre Spiegelung. Fische sind daher auch hervorragende Ärzte, Priester und Anwälte. Sie sind von Natur aus mitfühlend, weise und einsichtig. Sie können heilen, weil sie selbst Wunden davongetragen haben und weil sie in der menschlichen Natur nichts finden, das sie nicht schon selbst in sich gesehen hätten.

Aber ein zu passiver Fisch ist eine gefährliche Kreatur.

Der dunkle Fisch muß früher oder später auftauchen, entweder in einer echten Psychose oder in Selbstzerstörung – sei sie langsam oder schnell wie die Drogensucht oder der Alkoholismus – oder in der subtilen, unauffälligen Zerstörung anderer. Selten ist dies offen zu sehen, wenn der Fisch nicht einen aggressiven Aszendenten wie den Widder oder Löwen hat oder stark vom Mars beeinflußt wird. Sonst bleibt das alles unter der Oberfläche, denn der Fisch ist ein Meister in der Tarnung des Unterschwelligen.

Eine weitere Facette des Fische-Schattens ist damit verbunden. Man könnte sie das Syndrom des unverstandenen Genies nennen.

Dem unverstandenen Genie, oft ein Fisch oder ein Fisch-Aszendent, fehlt es auf keinen Fall an Talent. Ihm fehlt es an Realismus. Der Fisch mit seiner so reichen, überquellenden und grenzenlosen Phantasie läuft oft verbittert gegen die normalen Begrenzungen durch Zeit und Raum an. Seine brillanten Ideen, die in seinem Geist wie der Flossenschlag eines Fischs aufblitzen, sind wirklich brillant, aber es fehlt ihm an der Beharrlichkeit, an Disziplin und an Achtung für harte Arbeit und gutes handwerkliches Können, die schon vielen weit weniger begabten Künstlern Ruhm und Geld gebracht haben. Der Fisch präsentiert sich häufig als der neue Dichter, der neue Schriftsteller, der neue Filmemacher, der neue Prophet. Eines Tages ... wenn die Welt ihn verstehen wird ... Aber die Welt ist oft so unfreundlich. Sie erwartet von ihm, daß er wie alle anderen herumwerkelt, normale Arbeit verrichtet, Rechnungen bezahlt und sein Leben und sein Auto versichert, wo ihm doch alles leichtgemacht werden müßte, wenn die anderen nur wüßten, wie talentiert er ist und was er für die Welt tun könnte ... Eine sehr vertraute und traurige Geschichte. Und das traurigste daran ist, daß der Fisch nur selten den goldenen Mittelweg findet, das

Gleichgewicht zwischen der Einschätzung seiner Träume und der Zeit, die es braucht, sie zu verwirklichen. Er wird einfach bitter, ist enttäuscht und gibt auf. Aus dem Visionär wird der prosaischste und zynischste aller Menschen, der nie wieder eine Zeile schreibt oder nie mehr den Malkasten anrührt. Dann kann er zu seinen Enkeln sagen: «Ja, ich habe mal davon geträumt, Maler zu werden ... Aber ... aber irgend etwas ist schiefgegangen.» Was? Die Konfrontation mit der Wirklichkeit, die Begegnung der Meerjungfrau mit dem Sterblichen. Beide Extreme führen zum Versagen: zum Ertrinken im Meer oder zum Verlieren des Traums, weil er zu früh und ohne Vertrauen offenbart wird.

Die Fische haben oft eine solche Fülle von Begabungen und Vorstellungen, daß sie zu den gesegnetsten aller Menschen gehören. Aber dennoch versagen sie häufig im Leben, und das ist die Machenschaft ihres Schattens, dessen Größenwahn über alles hinausgeht und sich einfach nicht erfüllen läßt. Dann ist der Fisch dazu verurteilt, an sich selbst zu verzweifeln und sich selbst zu verachten. Seine Verbitterung über das Leben, von dem er sich betrogen fühlt, kann ihn zugrunde richten. Erst wenn er erfassen kann, daß es um ihn geht, daß es keine «Welt» gibt, die ihm feindlich gesonnen ist, daß er einfach die göttliche und die sterbliche Seite seines Wesens begreifen und beide pflegen muß, ist er in Wahrheit unbegrenzt.

Kleines Psychogramm

Ein ganz schön launenhaftes Wesen ...

Bei der Gestaltung ihrer zwischenmenschlichen Beziehungen sind die Fische-Geborenen ganz von ihren Launen und Stimmungen abhängig. Fische gehören zu den launenhaftesten Leuten und sind oft genauso ein Geheimnis für andere wie für sich selbst. Sie können – die entsprechende Laune vorausgesetzt – überaus warm, herzlich und verständnisvoll sein und haben eine Gabe dafür, das Richtige zu tun und zu sagen. Andere Menschen fühlen sich in ihrer Gegenwart wohl. Bei nächster Gelegenheit aber ist alles wieder ganz anders. Man redet mit dem Fische-Geborenen, aber er hört nichts, sieht nichts und gibt ausweichende Antworten. Er ist wie in seiner eigenen Welt versunken und Millionen Lichtjahre von den Menschen entfernt, mit denen er eigentlich reden sollte. Es muß nicht besonders hervorgehoben werden, daß man hier vor dem völligen Zusammenbruch jeder Kommunikation steht.

Der Fische-Mensch ist außerdem allzu häufig abhängig von dem emotionalen Zustand, in dem sich der Partner gerade befindet. Starke Emotionen beim Gegenüber bringen den Fisch aus der Ruhe. Er verliert seine Objektivität. Er muß lernen, auch dann mit anderen zu reden, wenn sie gefühlsmäßig nicht auf seiner Wellenlänge liegen.

Die Kommunikation mit einem Fische-Typ muß gefühlsbetont, ernsthaft und von Sympathie erfüllt sein. Man begegne ihm freundlich und bemühe sich um eine vertiefte persönliche Beziehung. Idealistisches und intuitiv gelenktes Auftreten wird die Bekanntschaft erleichtern. Es lohnt sich, das Gespräch mit persönlichen Anekdoten und lustigen Phantastereien zu würzen. Wenn man die Sympathie des Fische-Geborenen erringen kann – und das fällt meistens nicht schwer –, nimmt er Meinungen und Standpunkte anderer tief in sich auf.

Um Logik und verstandesmäßige Begründung braucht man sich nicht zu bemühen. Fische-Typen funktionieren nach ihren eigenen Gesetzen, die nichts mit Logik zu tun haben. Wenn es gelingt, das persönliche Interesse eines Fische-Geborenen zu erwecken, dann wird er sich laut und klar zu der vorgetragenen Meinung bekennen. Musik, Poesie, Ideale, Mystizismus seien als Partythemen für das Gespräch mit Fischen vorgeschlagen. Sie interessieren sich auch für Nostalgie im weitesten Sinne des Wortes.

Carson McCullers

Ein Baum, ein Felsen, eine Wolke

Es regnete an jenem Morgen, und es war noch sehr dunkel. Als der Junge beim Tram-Café ankam, hatte er seine Tour fast beendet, und er ging hinein, um eine Tasse Kaffee zu trinken. Es war ein die ganze Nacht hindurch geöffnetes Café, das einem verbitterten und geizigen alten Mann namens Leo gehörte. Nach der naßkalten, leeren Straße erschien das Café freundlich und hell. An der Bar waren einige Soldaten und drei Arbeiter von der Baumwollspinnerei, und an der Ecke saß vornübergebeugt ein Mann und ließ die Nase und das halbe Gesicht in sein Bierseidel hängen. Der Junge trug einen Sturzhelm, wie ihn Flugpiloten tragen. Als er das Café betrat, schnallte er den Kinnriemen ab und schlug die rechte Klappe über seinem kleinen rosa Ohr in die Höhe. Meistens, wenn er hier seinen Kaffee trank, redete der eine oder andere nett mit ihm. Aber heute früh blickte ihn Leo nicht an, und von den Männern sprach keiner. Er zahlte und wollte schon das Café verlassen, als ihm eine Stimme nachrief: «Son! Heda! Son!»

Er wandte sich um; der Mann an der Theke hatte den Zeigefinger gekrümmt und nickte ihm zu. Er hatte das Gesicht aus dem Bierseidel gehoben und sah plötzlich sehr glücklich aus. Der Mann war groß und bleich und hatte eine lange Nase und ausgeblichenes, apfelsinenfarbenes Haar.

«Heda, Son!»

Der Junge ging zu ihm. Er war etwa zwölf Jahre alt, aber im Wachstum zurückgeblieben, und wegen der Last seiner Zeitungstasche war die eine Schulter hinaufgezogen. Sein Gesicht war platt und von Sommersprossen übersät; seine Augen waren runde Kinderaugen.

«Ja, Mister?»

Der Mann legte die eine Hand auf die Schulter des Zeitungsjungen, faßte ihm dann unters Kind und drehte sein Gesicht langsam von einer Seite auf die andre. Der Junge zuckte verlegen zurück: «Heh! Was woll'n Sie denn von mir?»

Die Stimme des Jungen war schrill; es wurde auf einmal ganz still im Café.

Der Mann sagte langsam: «Ich liebe dich!»

Alle Männer an der Bar lachten los. Der Junge, der ihm mit finsterem Gesicht ausgewichen war, wußte nicht, was er tun sollte. Er blickte über die Bartheke hinweg zu Leo, und Leo sah ihn mit einem verdrossenen, brüchigen Grinsen an. Der Junge versuchte, auch zu lachen. Aber der Mann sah ernst und traurig aus.

«Ich wollte dich nicht foppen, Son», sagte er. «Setz dich und trink ein Bier mit mir. Ich muß dir was erklären.»

Vorsichtig und mit einem Seitenblick versuchte der Junge, die Männer an der Bar zu mustern, um herauszufinden, was er tun solle. Aber sie hatten sich wieder ihrem Bier oder ihrem Frühstück zugewandt und kümmerten sich nicht um ihn. Leo stellte eine Tasse Kaffee und ein Kännchen Sahne auf die Bartheke.

«Er ist minderjährig», sagte er.

Der Zeitungsjunge zog sich auf den Barschemel. Sein Ohr unter der hochgestellten Ohrenklappe war sehr klein und rot. Der Mann nickte ihm ernst zu. «Es ist etwas Wichtiges», sagte er. Dann faßte er in die hintere Hosentasche und zog etwas heraus; er hielt es dem Jungen zum Betrachten hin.

«Schau es dir genau an!» sagte er.

Der Junge blickte hin, konnte aber nichts entdecken, was man genau anschauen müßte. Der Mann hielt eine Fotografie in seiner großen, schmuddeligen Handfläche. Es war das Gesicht einer Frau, aber verschwommen, so daß nur ihr Hut und das Kleid, das sie trug, scharf hervortraten.

«Siehst du's?» fragte der Mann.

Der Junge nickte, und der Mann steckte sich eine andere Fotografie in die Handfläche. Hier stand die Frau in einem Badeanzug am Strand. Durch den Badeanzug zeichnete sich der Bauch sehr ab, und das war das einzige, was einem auffiel.

«Hast du's genau angeschaut?» Er beugte sich vor und fragte schließlich: «Hast du sie schon mal gesehen?»

Der Junge saß still und rührte sich nicht, sondern blickte nur schräg aus den Augenwinkeln auf den Mann. «Ich glaube nicht.»

«Aha!» Der Mann blies auf die Fotos und steckte sie wieder in die Tasche. «Das war meine Frau.»

«Ist sie tot?» fragte der Junge.

Der Mann schüttelte langsam den Kopf. Er spitzte den Mund, als ob er pfeifen wollte, und antwortete mit einem langgedehnten: «Naaa-ain! Ich werd's dir erklären.»

Das Bier in dem großen braunen Seidel stand vor dem Mann auf der Bartheke. Er hob es nicht auf, als er trinken wollte. Statt dessen beugte er sich herunter, legte das Gesicht auf den Rand und ließ es dort, wie um auszuruhen. Dann kippte er das Seidel mit beiden Händen ein wenig vor und schlürfte.

«Eines schönen Abends wirst du mit deiner großen Nase im Seidel einschlafen und versaufen», sagte Leo. «Berühmter Durchreisender ertrinkt im Bier. Das wäre ein flotter Tod!»

Der Zeitungsjunge versuchte, Leo ein Zeichen zu machen. Während der Mann nicht hinsah, verzog er das Gesicht, bewegte stumm die Lippen und fragte: «Besoffen?» Aber Leo zog nur die Augenbrauen in die Höhe, drehte sich um und legte ein paar rosa Speckstreifen auf den Grill. Der Mann schob das Seidel weg, richtete sich auf und faltete seine schlaffen, verkrümmten Hände auf der Bartheke. Sein Gesicht war traurig, als er den Zeitungsjungen ansah. Die Lider zwinkerten nicht, aber von Zeit zu Zeit schlossen sie sich zart und schwer über den blaßgrünen Augen. Draußen graute der Morgen, und der Junge verschob das Gewicht seiner Zeitungstasche.

«Ich will von der Liebe sprechen», sagte der Mann. «Bei mir ist sie ein System.»

Der Junge rutschte halb vom Barschemel herunter. Aber der Mann hob den Zeigefinger, und er hatte etwas an sich, das den Jungen festhielt, so daß er nicht fortgehen konnte.

«Vor zwölf Jahren habe ich mich mit der Frau auf der Fotografie verheiratet. Ein Jahr, neun Monate, drei Tage und zwei Nächte war sie meine Frau. Ich habe sie geliebt. Ja . . .» Er straffte seine undeutliche, schwankende Stimme und wiederholte: «Ich habe sie geliebt. Und ich glaubte, daß sie mich auch liebte. Sie hatte ein behagliches schönes Heim. Nie kam mir der Gedanke, sie könne nicht zufrieden sein. Aber weißt du, was dann geschah?»

«Miiiiau!» machte Leo.

Der Mann wandte die Augen nicht vom Gesicht des Jungen ab. «Sie hat mich verlassen. Eines Abends kam ich heim, und das Haus war leer, und sie war fort. Sie hat mich verlassen.»

«Mit einem andern?» fragte der Junge.

Der Mann legte seine Handfläche sachte auf die Bartheke. «Das ist wohl selbstverständlich, Son! Frauen laufen nie alleine fort.»

Das Café war still, und draußen auf der Straße fiel dunkel und unaufhörlich der sanfte Regen. Leo drückte den brutzelnden Speck mit den Zinken seiner langen Gabel herunter: «Und seit elf Jahren jagen Sie also dem Weibsbild nach, Sie abgeklapperter alter Knabe!»

Der Mann blickte zum erstenmal auf Leo: «Bitte nicht so ordinär! Außerdem habe ich gar nicht mit Ihnen gesprochen.» Er wandte sich wieder an den Jungen und sagte vertraulich und mit heimlicher, gedämpfter Stimme: «Um den kümmern wir uns gar nicht! Einverstanden?»

Der Zeitungsjunge nickte unsicher.

«Es war nämlich so», fuhr der Mann fort. «Ich bin ein sehr gefühlvoller Mensch. Mein Leben lang hat immer irgend etwas großen Eindruck auf mich gemacht: Mondschein – ein schönes Mädchenbein – immer eins nach dem andern. Aber dann überkam mich ein merkwürdiges Gefühl, als ob es lose in mir herumliege. Nichts schien sich bis zu Ende abzurollen, nichts schien zu den andern Dingen zu passen. Frauen? Von denen hatte ich mein Teil. Es war das gleiche. Hinterher lagen sie lose in mir herum. Ich war ein Mensch, der nie geliebt hatte.»

Sehr langsam schloß er die Augenlider, und es war, als wenn sich im Theater am Schluß eines Auftritts der Vorhang senkt. Als er wieder sprach, war seine Stimme erregt, und die Worte überstürzten sich, und an seinen großen, schlaffen Ohren zitterten die Ohrläppchen.

«Dann begegnete ich jener Frau. Ich war einundfünfzig, und sie war dreißig, wie sie sagte. Ich traf sie an einer Tankstelle, und nach drei Tagen waren wir verheiratet. Und weißt du, wie das war? Ich kann's dir gar nicht beschreiben. Alles, was ich je empfunden hatte, sammelte sich um jene Frau. Nichts lag mehr lose in mir herum: Durch sie kam alles in Ordnung.»

Der Mann brach plötzlich ab und rieb sich die lange Nase. Seine Stimme klang heiser und gleichmäßig vorwurfsvoll. «Ich erkläre es nicht ganz richtig. Es war vielmehr so. Die schönen Gefühle und die kleinen Freuden lagen lose in mir herum. Und die Frau war für meine Seele so etwas wie ein laufendes Band. Ich ließ die losen Teilchen meines Selbst durch sie hindurchlaufen, und heraus kam ich als ein Ganzes. Verstehst du mich jetzt?»

«Wie hieß sie?» fragte der Junge.

«Oh», sagte er, «ich nannte sie Dodo. Aber das gehört nicht hierher.»

«Haben Sie versucht, sie zurückzuholen?»

Der Mann schien nicht zuzuhören. «Unter solchen Umständen kannst du dir wohl vorstellen, wie mir zumute war, als sie mich verließ.»

Leo nahm den Speck vom Grill und legte zwei Streifen zwischen ein Brötchen. Er hatte ein graues Gesicht mit Schlitzaugen und einer mickrigen Nase, in deren Buchten bläuliche Schatten saßen. Einer von der Arbeitern verlangte nochmals Kaffee, und Leo schenkte ihm ein. Er goß nie umsonst nach. Die Spinnereiarbeiter nahmen jeden Morgen ihr Frühstück bei ihm ein, aber je besser Leo seine Kunden kannte, um so geiziger behandelte er sie. An seinem eigenen Brötchen knabberte er auch herum, als ob er sich's nicht einmal selber gönnte.

«Und Sie haben sie nie wieder erwischt?»

Der Junge wußte nicht, was er von dem Mann halten sollte, und in seinem Kindergesicht stritten sich Neugier und Zweifel. Er war noch ein Neuling auf seiner Zeitungsrunde, und er fand es immer noch seltsam, in der merkwürdigen, dunklen Morgenfrühe unterwegs zu sein.

«Nein», sagte der Mann. «Ich unternahm allerhand Schritte, um sie wiederzubekommen. Ich reiste umher und versuchte, sie aufzustöbern. Ich fuhr nach Tulsa, wo sie Verwandte hatte. Und nach Mobile. Ich reiste in jede Stadt, die sie je erwähnt hatte, und ich spürte jedem Mann nach, mit dem sie früher bekannt war. Tulsa, Atlanta, Chicago, Cheehaw, Memphis ... Fast zwei Jahre lang jagte ich umher und versuchte, sie zu erwischen.»

«Aber das Pärchen war vom Erdboden verschwunden», sagte Leo.

«Höre nicht auf ihn», sagte der Mann vertraulich. «Und denk auch nicht mehr an die zwei Jahre. Sie waren nicht wichtig. Wichtig ist, daß mir im dritten Jahr etwas Sonderbares widerfuhr.»

«Was denn?» fragte der Junge.

Der Mann beugte sich vor und kippte das Seidel etwas schräg, um einen Schluck Bier zu schlürfen. Aber seine Nasenflügel zitterten leise, als er an dem schalen Bier roch, und er trank nicht. «Jedenfalls ist die Liebe etwas sehr Sonderbares. Zuerst dachte ich nur daran, sie wiederzubekommen. Es war wie eine Zwangsvorstellung. Und dann versuchte ich allmählich, mich an sie zu erinnern. Aber kannst du dir vorstellen, was mir passierte?»

«Nein», antwortete der Junge.

«Wenn ich mich aufs Bett legte und versuchte, an sie zu denken, dann war mein Kopf vollkommen leer. Ich konnte sie nicht sehen. Ich holte ihre Bilder hervor und betrachtete sie. Es nützte nichts. Es war ganz vergebens. Völlige Leere. Kannst du dir so was vorstellen?»

«Heda, Mac!» rief Leo einem Mann weiter unten an der Bar zu. «Kannst du dir so was vorstellen? Der Dummbart hat nichts im Kopf!»

Langsam, als verscheuche er eine Fliege, fuhr die Hand des Mannes durch die Luft. Seine grünen Augen hefteten sich gespannt auf das platte kleine Gesicht des Zeitungsjungen.

«Doch plötzlich bei einer Glasscherbe auf dem Bürgersteig – oder bei einem Schlager aus einem Musikautomaten – oder bei einem Schatten des Nachts auf der Mauer: Da konnte ich mich an sie erinnern. Vielleicht geschah's auf der Straße; dann weinte ich oder schlug mit dem Kopf gegen einen Laternenpfahl. Verstehst du das?»

«Bei einem Stück Glas ...?» fragte der Junge.

«Bei allem möglichen. Ich schlenderte umher, und es stand nicht in meiner Macht, wann und wie ich mich an sie erinnnerte. Du meinst sicher, man könne sich mit einer Art Schild dagegen schützen. Aber die Erinnerung kommt nie von vorne auf einen zu – sie kommt seitlich um die Ecke. Allem, was ich sah und hörte, war ich gewissermaßen ausgeliefert. Statt daß ich die Gegend nach ihr abjagte, begann sie mich plötzlich in meiner Seele herumzujagen. *Sie* jagte *mich*, denk bloß an! Und in meiner Seele.»

Schließlich fragte der Junge: «In welchem Staat waren Sie damals?»

«Ach», ächzte der Mann, «ich war richtig krank. Als hätt' ich die Windpocken. Ich muß gestehen, Son, daß ich zu saufen anfing. Und herumhurte. Ich beging jede Sünde, die mir in den Sinn kam. Es widert mich an, das zu gestehen, aber ich tu's trotzdem. Wenn ich mich an jene Zeit erinnere, stockt mir das Denken – es war so furchtbar!»

Der Mann beugte seinen Kopf vornüber und schlug mit der Stirn auf die Bartheke. Ein paar Sekunden lang blieb er so: Der Nacken seines sehnigen Halses war mit apfelsinenfarbenen Stoppeln bedeckt, und die Hände mit den langen, verkrümmten Fingern hielt er Handfläche gegen Handfläche, wie im Gebet. Dann richtete der Mann sich wieder auf; er lächelte, und plötzlich war sein Gesicht hell und erregt und alt.

«Im fünften Jahr war's, daß es mir widerfuhr», sagte er. «Und damit begann mein System.»

Leos Mund sprang in flüchtigem, blassem Grinsen auf. «Keiner von uns wird jünger», sagte er. Dann zerknüllte er in jähem Ärger ein Geschirrtuch und schleuderte es auf den Fußboden. «Sie liederlicher alter Schürzenjäger!»

«Was kam dann?» fragte der Junge.

Die Stimme des alten Mannes war hell und klar. «Der Frieden», antwortete er.

«Hm?»

«Es ist nicht so leicht, dir das wissenschaftlich zu erklären, Son», sagte er. «Ich vermute, logisch läßt es sich einfach nicht erklären, daß sie und ich so lange voneinander fortrannten, bis wir schließlich ganz verstrickt waren und uns hinlegten und es aufgaben. Frieden. Eine sonderbare und schöne Leere. In Portland war es Frühling, und es regnete jeden Nachmittag. Den ganzen Abend blieb ich im Dunkeln auf meinem Bett liegen. Und so erwarb ich mir mein System.»

Die Fenster draußen spiegelten das blaßblaue Licht. Die beiden Soldaten bezahlten ihr Bier und öffneten die Tür; der eine kämmte sich das Haar und wischte sich den Schmutz von den Wickelgamaschen, ehe er nach draußen ging. Die drei Spinnereiarbeiter beugten sich stumm über ihr Frühstück. An der Wand tickte Leos Uhr.

«Es ist so. Und hör jetzt gut zu! Ich hab über die Liebe meditiert und es alles herausgefunden. Ich hab begriffen, was wir falsch machen. Ein Mann verliebt sich zum erstenmal. Und in was verliebt er sich?»

Der weiche Mund des kleinen Jungen stand etwas offen; er gab keine Antwort.

«In eine Frau», sagte der Mann. «Ohne System, ohne

die geringste Anleitung wagt sich der Mann an das gefährlichste und heiligste Erlebnis auf Gottes Erde. Er verliebt sich in eine Frau. Hab ich recht, Son?»

«Ja», sagte der Junge leise.

«Aber sie fangen die Liebe am falschen Ende an. Sie fangen beim Höhepunkt an. Kann man sich da wundern, daß es unglücklich ausgeht? Weißt du, wie die Menschen lieben sollten?»

Der alte Mann packte den Zeitungsjungen beim Kragen seiner Lederjacke und schüttelte ihn ganz sachte, während seine grünen Augen ernst und ohne zu zwinkern auf ihn niederschauten.

«Son, weißt du, wie Liebe anfangen sollte?»

Der Junge saß ganz klein und still da und hörte zu. Er schüttelte langsam den Kopf. Der alte Mann beugte sich näher heran und flüsterte:

«Ein Baum. Ein Felsen. Eine Wolke.»

Auf der Straße draußen regnete es immer noch. Ein milder, grauer, unaufhörlicher Regen. Die Fabriksirene pfiff zum Schichtwechsel, und die drei Spinnereiarbeiter zahlten und gingen. Nun war niemand mehr im Café außer Leo, dem altem Mann und dem Zeitungsjungen.

«In Portland war das Wetter so wie heute», erzählte der alte Mann. «Damals fing ich mit meinem System an. Ich meditierte, und ich ging ganz behutsam vor. Ich brachte irgend etwas von der Straße mit nach Hause. Ich kaufte einen Goldfisch und konzentrierte mich auf den Goldfisch und liebte ihn. Und so stieg ich von einer Stufe zur nächsten. Tag für Tag habe ich mich darin geübt. Auf dem Wege von Portland nach San Diego . . .»

«Ach, hör schon auf!» schrie Leo plötzlich. «Hör auf! Hör schon auf!»

Der alte Mann hielt den Jungen noch immer beim Jakkenkragen gepackt. Er zitterte, und sein Gesicht war ernst und leuchtete wild. «Sechs Jahre bin ich nun ganz allein herumgezogen und hab mein System. Und jetzt bin ich darin ein Meister geworden, Son! Ich kann alles lieben. Ich brauche nicht mal mehr darüber nachzudenken. Ich sehe eine Straße mit vielen Menschen, und ein schönes Licht erfüllt mich. Ich beobachte einen Vogel in den Lüften. Oder ich begegne einem Wanderer auf der Landstraße – einerlei, was, Son, und einerlei, wer es ist. Alles ist fremd, und alles liebe ich. Begreifst du, was ein System wie meins bedeuten kann?»

Der Junge saß steif da. Die Hände hatte er um den Rand der Bartheke geklammert. Schließlich fragte er: «Haben Sie die Dame noch gefunden?»

«Wie? Was hast du gesagt, Son?»

«Ich meine», sagte der Junge schüchtern, «ob Sie sich wieder in eine Frau verliebt haben?»

Der alte Mann ließ den Kragen des Jungen los. Er wandte sich ab, und zum erstenmal stand in seinen grünen Augen ein unsicherer und wirrer Ausdruck. Er hob das Seidel von der Theke und kippte das gelbe Bier hinunter. Er schüttelte sehr langsam den Kopf. Dann endlich antwortete er: «Nein, Son! Das wäre nämlich der letzte Schritt in meinem System. Ich gehe aber behutsam vor. Und so weit bin ich noch nicht.»

«So was!» sagte Leo. «So was! So was!»

Der alte Mann stand in der offenen Tür. «Vergiß es nicht», sagte er. Im feuchten, grauen Licht der ersten Morgenfrühe sah er eingeschrumpft und schäbig und gebrechlich aus. Aber sein Lächeln war strahlend. «Vergiß es nicht, daß ich dich liebe», sagte er und nickte noch ein letztes Mal. Und die Tür fiel leise hinter ihm ins Schloß.

Lange Zeit sagte der Junge kein Wort. Er zupfte an den Haarsträhnen, die ihm in die Stirn hingen, und fuhr mit dem schmutzigen kleinen Zeigefinger um den Rand seiner leeren Tasse. Dann fragte er endlich, ohne Leo anzusehen: «War er betrunken?»

«Nein», antwortete Leo knapp.

Der Junge hob die Stimme: «Dann war er wohl einer, der Rauschgift nimmt?»

«Nein.»

Der Junge blickte zu Leo auf, und sein plattes Gesichtchen war ratlos, und die Stimme war hartnäckig und schrill: «War er denn verrückt? Glauben Sie, daß er wahnsinnig ist?» Und in jähem Zweifel ließ der Zeitungsjunge die Stimme sinken: «Leo? Oder was sonst?»

Aber Leo antwortete ihm nicht. Vierzehn Jahre lang hatte er das kleine Nachtcafé gehabt, und er war überzeugt, daß er sich auskannte, was Verrücktheit betraf. Aus der Stadt kamen sie, oder auch Durchreisende, die nachts hier auftauchten. Er kannte den Wahn jedes einzelnen von ihnen. Aber die Fragen des wartenden Kindes wollte er nicht beantworten. Er verkniff sein bleiches Gesicht und schwieg.

Der Junge zog die rechte Ohrenklappe seines Sturzhelmes herunter, und als er sich zum Gehen wandte, machte er eine Bemerkung – die einzige, die ihm geheuer schien, die einzige, wegen der ihn keiner auslachen und verachten konnte:

«Bestimmt ist er weit herumgekommen.»

Erlösende Liebe

Für den Fische-Typ bedeutet Liebe nicht nur einen Höhepunkt im Leben, sie ist ihm das Leben selbst. Venus steht erhöht im Zeichen.

Das Herz des Fische-Typs ist voller Verlangen, Gemütsbewegung, Mitleid und Erregtheit. Fast undurchdringlich ist die Welt seiner Gefühle; die Geheimnisse seines Privatlebens hält er in sich verschlossen.

Als Geliebter wirkt der Fische-Typ verwirrend; für den Partner ist er unergründlich und schwierig zu erkennen. Zuneigung wie Abneigung sind nie genau abgegrenzt und kaum je zu überblicken; er wird deshalb auch oft verkannt. Nicht er wählt die Liebe, die Liebe wählt ihn, überrumpelt ihn, durchdringt ihn; einem Schlafwandler gleich gibt er sich ihr hin.

Wann beginnt bei ihm die Liebe? Wann endet sie? Weiß er es selbst? Kein äußeres Zeichen verrät es. Wer das Geheimnis dieser rätselvollen Seele ergründen will, muß ihren Seelenzustand intuitiv erfassen. Lang kann sie dem Partner ein Rätsel bleiben. Stumm wie ein Karpfen harrt der Fische-Liebende, daß man ihn begreife, ja, ihm seine eigenen Gefühle und Wünsche erkläre. Das fällt um so schwerer, als er seine Gefühle und Wünsche nicht zur Schau trägt. Die Erregung schnürt ihm die Kehle zu. Die Gefühle dieser Natur sind besser zu begreifen, wenn man bedenkt, daß ihre Liebe mit persönlichem Besitz nichts zu tun hat. Sie liebt die Liebe um ihrer selbst willen, ohne Beziehung zu sich selbst, oft sogar ohne Beziehung zu dem Wesen, das sie entfacht.

Im allgemeinen ist der *männliche Fisch* weich und gutmütig; oft steht er sogar der Karikatur Modell als Pantoffelheld. Gewöhnlich ist er auf Eroberungen wenig erpicht. Er kann lange Zeit platonisch lieben; er ist zurückhaltend, weniger aus Schüchternheit, viel eher aus Angst vor verfrühter Bindung und Verantwortung. Gegen einen Rivalen kämpft er nicht. Er zieht sich zurück, wenn man ihm nicht offen Sympathie bekundet. Er wählt nicht zielbewußt, er erobert nicht im Kampf. Er läßt sich wählen; mehr noch: Er braucht Ermutigung, um seine Liebesversuche weiterzuführen. Seine Intuition hilft ihm, günstige Umstände herbeizuführen; aber er wartet, bis man ihm auf halbem Wege entgegenkommt. Die Furcht, er könnte aufdringlich wirken, hemmt seinen Schwung. Eifersucht in ihm zu wecken, ist keine gute Taktik. Von ihm sind weder Szenen noch Vorwürfe zu erwarten. Er zieht sich zurück und wünscht alles Gute. Seine Opferfähigkeit geht bis ins Absurde.

Dieser rätselvolle Mann will verstanden sein, ohne daß man ihn ausfragt und ohne daß er sein Verhalten zu erklären braucht. Stellt man ihm allzu klare Fragen, belästigt man ihn mit praktischen Einzelheiten oder Alltagskram, so entschlüpft er der Wirklichkeit und flieht in seine Traumwelt.

Hat aber eine Frau seine Welt erfaßt, so stellt er keine Probleme mehr. Das Eheleben ist dann ein Kinderspiel, er ist duldsam und gefügig. Er liebt gutes Essen und bringt immer wieder kleine Aufmerksamkeiten mit. Kostbare Geschenke soll man nicht erwarten; seine Gaben sollen vielmehr eine Geste sein, ein Zärtlichkeitsbeweis, kein materieller Wertgegenstand. Sie haben immer eine persönliche, oft sogar eine symbolische Bedeutung.

Er liebt Spaziergänge durch blühende Gärten oder am Ufer des Wassers. In der Gesellschaft mag er nicht glänzen: Fühlt er sich unbehaglich, so schweigt er oder spricht nur über Dinge, die er kennt. Er ist ein Gefährte, der alles zu opfern imstande ist. Wie kein anderer kennt er die rettende und erlösende Liebe. Man denke an van Gogh, der auf der Straße der häßlichen, betrunkenen und schwangeren Prostituierten Christine begegnet; er nimmt sie zu sich und schenkt dieser Frau zwei Jahre lang seine ganze, hingebungsvolle Liebe. Man kennt noch andere Fische-Typen, die Mitleid und Liebe für die Hilflosen, Leidenden und Ausgestoßenen durch die Tat bewiesen: Edgar A. Poe, Victor Hugo, Vigny. Alle beseelte die gleiche Leidenschaft für die Verlorenen. Unglückliche oder physisch gebrechliche Frauen finden im männlichen Fische-Typ einen Gefährten, der sie gerade um ihrer Gebrechen willen liebt.

Feinfühlige Liebe, Verbundenheit über das eigene Ich hinaus, Empfänglichkeit für Übersinnliches kann diese Menschen zu allgemeiner Menschenliebe führen, zu religiöser Andacht oder zu mystischer Vereinigung.

Der *weibliche Fische-Typ* ist vor allem romantisch: das Fremdartige, Wunderbare und Zauberhafte zieht sie an. Wehrlos und rückhaltlos einem Mann anzugehören und in ihm die ganze Menschheit zu umarmen – darin liegt ihre wahre Liebeswonne. Freilich läuft sie damit Gefahr, Illusionen und unerfüllbaren Erwartungen und Hoffnungen zum Opfer zu fallen.

Die Gefahr für diesen Frauentyp heißt: anonyme, heimliche Liebe. Schon der Mann neigt dazu, seine Leidenschaft zu verhehlen; noch stärker vermag die Frau im verborgenen und ohne geringste äußere Andeutung zu lieben. Sie idealisiert und überschätzt leicht den Geliebten und übersieht seine wirklichen Fähigkeiten. Sie liebt auch die Leidenschaft auf Distanz; vor der Wirklichkeit schreckt sie oft zurück. Ihre ganze Liebe gehört dem Unerreichbaren. Werden diese jugendlichen Glücksträume beim heranwachsenden Menschen auch überwunden, so bleibt doch oft ein Fernweh, ein unbestimmbares Sehnen zurück. Stehen jedoch Wirklichkeit und Traum in einem richtigen Verhältnis zueinander, so wird die Fische-Frau eine vorzügliche Ehegefährtin. Sie braucht geradezu Gelegenheit, Gutes zu tun. Ist ihr Mann krank, so pflegt sie ihn unermüdlich und hingebungsvoll. Nur verlange man von ihr keine strenge Ordnung! Sie hat eine eigene, besondere Ordnung, in der nur sie sich zurechtfindet. Auch die genaue Führung eines Haushaltungsbuches ist von ihr nicht zu erwarten. Sie ist ohne weiteres imstande, ihre tägliche Arbeit liegen oder die Suppe überkochen zu lassen, um das Feuilleton in ihrer Zeitung zu lesen . . .

Vor einem hat sie sich zu hüten: vor dem im weiblichen Wesen schlummernden Masochismus! Er kann sich bei ihr des kleinsten Vorwandes bemächtigen, um ihre Güte in Schwäche zu verwandeln und diese in heimliche Schuld.

Bertolt Brecht

Der Mantel des Ketzers

Giordano Bruno, der Mann aus Nola, den die römischen Inquisitionsbehörden im Jahre 1600 auf dem Scheiterhaufen wegen Ketzerei verbrennen ließen, gilt allgemein als ein großer Mann, nicht nur wegen seiner kühnen und seitdem als wahr erwiesenen Hypothesen über die Bewegungen der Gestirne, sondern auch wegen seiner mutigen Haltung gegenüber der Inquisition, der er sagte: «Ihr verkündet das Urteil gegen mich mit vielleicht größerer Furcht, als ich es anhöre.» Wenn man seine Schriften liest und dazu noch einen Blick in die Berichte von seinem öffentlichen Auftreten wirft, so fehlt einem tatsächlich nichts dazu, ihn einen großen Mann zu nennen. Und doch gibt es eine Geschichte, die unsere Achtung vor ihm vielleicht noch steigern kann.

Es ist die Geschichte von seinem Mantel.

Man muß wissen, wie er in die Hände der Inquisition fiel.

Ein Venetianer Patrizier, ein gewisser Mocenigo, lud den Gelehrten in sein Haus ein, damit er ihn in der Physik und der Gedächtniskunst unterrichte. Er bewirtete ihn ein paar Monate lang und bekam als Entgelt den ausbedungenen Unterricht. Aber an Stelle einer Unterweisung in Schwarzer Magie, die er erhofft hatte, erhielt er nur eine solche in Physik. Er war darüber sehr unzufrieden, da ihm dies ja nichts nutzte. Die Kosten, die ihm sein Gast verursachte, reuten ihn. Mehrmals ermahnte er ihn ernstlich, ihm endlich die geheimen und lukrativen Kenntnisse auszuliefern, die ein so berühmter Mann doch wohl besitzen mußte, und als das nichts half, denunzierte er ihn brieflich der Inquisition. Er schrieb, dieser schlechte und undankbare Mensch habe in seiner Gegenwart übel von Christus gesprochen, von den Mönchen gesagt, sie seien Esel und verdummten das Volk, und außerdem behauptet, es gebe im Gegensatz zu dem, was in der Bibel stehe, nicht nur eine Sonne, sondern unzählige usw. usw. Er, Mocenigo, habe ihn deshalb in seiner Bodenkammer eingeschlossen und bitte, ihn schnellstens von Beamten abholen zu lassen.

Die Beamten kamen auch mitten in der Nacht von einem Sonntag auf den Montag und holten den Gelehrten in den Kerker der Inquisition.

Das geschah am Montag, dem 25. Mai 1592, früh 3 Uhr, und von diesem Tag bis zu dem Tag, an dem er den Scheiterhaufen bestieg, dem 17. Februar 1600, kam der Nolaner nicht mehr aus dem Kerker heraus.

Während der acht Jahre, die der schreckliche Prozeß dauerte, kämpfte er ohne Ermattung um sein Leben, jedoch war der Kampf, den er im ersten Jahr in Venedig gegen seine Auslieferung nach Rom führte, vielleicht der verzweifeltste.

In diese Zeit fällt die Geschichte mit seinem Mantel.

Im Winter 1592 hatte er sich, damals noch in einem Hotel wohnend, von einem Schneider namens Gabriele Zunto einen dicken Mantel anmessen lassen. Als er verhaftet wurde, war das Kleidungsstück noch nicht bezahlt.

Auf die Kunde von der Verhaftung stürzte der Schneider zum Haus des Herrn Mocenigo in der Gegend von Sankt Samuel, um seine Rechnung vorzulegen. Es war zu spät. Ein Beamter des Herrn Mocenigo wies ihm die Tür. «Wir haben für diesen Betrüger genug bezahlt», schrie er so laut auf der Schwelle, daß einige Passanten sich umschauten. «Vielleicht laufen Sie ins Tribunal des Heiligen Offiziums und sagen dort, daß Sie mit diesem Ketzer zu tun haben.»

Der Schneider stand erschrocken auf der Straße. Ein Haufen Gassenjungen hatte alles mit angehört, und einer von ihnen, ein pustelübersäter, zerlumpter Knirps, warf einen Stein nach ihm. Es kam zwar eine ärmlich gekleidete Frau aus einer Tür und gab ihm eine Ohrfeige, aber Zunto, ein alter Mann, fühlte deutlich, daß es gefährlich sei, einer zu sein, der «mit diesem Ketzer etwas zu tun hatte». Er lief, sich scheu umsehend, um die Ecke und auf einem großen Umweg nach Hause. Seiner Frau erzählte er nichts von seinem Unglück, und sie wunderte sich eine Woche lang über sein niedergedrücktes Wesen.

Aber am ersten Juni entdeckte sie beim Ausschreiben der Rechnungen, daß da ein Mantel nicht bezahlt war von einem Mann, dessen Namen auf aller Lippen war, denn der Nolaner war das Stadtgespräch. Die fürchterlichsten Gerüchte über seine Schlechtigkeit liefen herum. Er hatte nicht nur die Ehe in den Kot gezogen sowohl in Büchern als auch in Gesprächen, sondern auch Christus selber einen Scharlatan geheißen und die verrücktesten Sachen über die Sonne gesagt. Es paßte sehr gut dazu, daß er seinen Mantel nicht bezahlt hatte. Die gute Frau hatte nicht die geringste Lust, den Verlust zu tragen. Nach einem heftigen Zank mit ihrem Mann ging die Siebzigjährige in ihren Sonntagskleidern in das Gebäude des Heiligen Offiziums und verlangte mit bösem Gesicht die zweiunddreißig Skudi, die ihr der verhaftete Ketzer schuldete.

Der Beamte, mit dem sie sprach, schrieb ihre Forderung nieder und versprach, der Sache nachzugehen.

Zunto erhielt denn auch bald eine Vorladung, und zitternd und schlotternd meldete er sich in dem gefürchteten Gebäude. Zu seinem Erstaunen wurde er nicht ins Verhör genommen, sondern nur verständigt, daß bei der Regelung der finanziellen Angelegenheiten des Verhafteten seine Forderung berücksichtigt werden sollte. Allerdings deutete der Beamte an, viel werde dabei nicht herauskommen.

Der alte Mann war so froh, so billig wegzukommen, daß er sich untertänig bedankte. Aber seine Frau war nicht zufriedengestellt. Es genügte, den Verlust wiedergutzumachen, nicht, daß ihr Mann auf seinen abendlichen Schoppen verzichtete und bis in die Nacht hinein nähte. Da waren Schulden beim Stoffhändler, die bezahlt werden mußten. Sie schrie in der Küche und auf dem Hof herum, daß es eine Schande sei, einen Verbrecher in Gewahrsam zu nehmen, bevor er seine Schulden bezahlt habe. Sie werde, wenn nötig, bis zum Heiligen Vater nach Rom gehen, um ihre zweiunddreißig Skudi zu bekommen. «Er braucht keinen Mantel auf dem Scheiterhaufen», schrie sie.

Sie erzählte, was ihnen passiert war, ihrem Beichtvater. Er riet ihr, zu verlangen, daß ihnen wenigstens der Mantel herausgegeben würde. Sie sah darin ein Eingeständnis von seiten einer kirchlichen Instanz, daß sie einen Anspruch hatte, und erklärte, mit dem Mantel, der sicher schon getragen und außerdem auf Maß gearbeitet sei, keineswegs zufrieden zu sein. Sie müsse das Geld bekommen. Da sie dabei ein wenig laut wurde in ihrem Eifer, warf der Pater sie hinaus. Das brachte sie ein wenig zu Verstand, und einige Wochen verhielt sie sich ruhig. Aus dem Gebäude der Inquisition verlautete nichts mehr über den Fall des verhafteten Ketzers. Jedoch flüsterte man sich überall zu, daß die Verhöre ungeheuerliche Schandtaten zutage förderten. Die Alte horchte gierig herum nach all diesem Tratsch. Es war eine Tortur für sie, zu hören, daß die Sache des Ketzers so schlecht stand. Er würde nie mehr freikommen und seine Schulden bezahlen können. Sie schlief keine Nacht mehr, und im August, als die Hitze ihre Nerven vollends ruinierte, fing sie an, in den Geschäften, wo sie einkaufte, und den Kunden gegenüber, die zum Anprobieren kamen, ihre Beschwerde mit großer Zungengeläufigkeit vorzubringen. Sie deutete an, daß die Patres eine Sünde begingen, wenn sie die berechtigten Forderungen eines kleinen Handwerkers so gleichgültig abtaten. Die Steuern waren drückend, und das Brot hatte erst kürzlich wieder aufgeschlagen.

Eines Vormittags holte ein Beamter sie in das Gebäude des Heiligen Offiziums, und dort verwarnte man sie eindringlich, ihr böses Geschwätz aufzugeben. Man fragte sie, ob sie sich nicht schäme, wegen einiger Skudi ein sehr ernstes geistliches Verfahren im Mund herumzuziehen. Man gab ihr zu verstehen, daß man gegen Leute ihres Schlages allerlei Mittel besäße.

Eine Zeitlang half das, wenn ihr auch bei dem Gedanken an die Redensart «wegen einiger Skudi» im Maul eines herausgefressenen Bruders jedesmal die Zornröte ins Gesicht stieg. Aber im September hieß es, der Großinquisitor in Rom habe die Auslieferung des Nolaners verlangt. Man verhandle in der Signoria darüber.

Die Bürgerschaft besprach lebhaft dieses Auslieferungsgesuch, und die Stimmung war im allgemeinen dagegen. Die Zünfte wollten keine römischen Gerichte über sich wissen.

Die Alte war außer sich. Wollte man den Ketzer jetzt wirklich nach Rom gehen lassen, ohne daß er seine Schulden beglichen hatte? Das war der Gipfel. Sie hatte die unglaubliche Nachricht kaum gehört, als sie schon, ohne sich auch nur die Zeit zu nehmen, einen besseren Rock umzulegen, in das Gebäude des Heiligen Offiziums lief.

Sie wurde diesmal von einem höheren Beamten empfangen, und dieser war merkwürdigerweise weit entgegenkommender zu ihr, als die vorigen Beamten gewesen waren. Er war beinahe so alt wie sie selber und hörte ihre Klage ruhig und aufmerksam an. Als sie fertig war, fragte er sie nach einer kleinen Pause, ob sie den Bruno sprechen wolle.

Sie stimmte sofort zu. Man beraumte eine Zusammenkunft auf den nächsten Tag an.

An diesem Vormittag trat ihr in einem winzigen Zimmer mit vergitterten Fenstern ein kleiner, magerer Mann mit schwachem, dunklem Bart entgegen und fragte sie höflich nach ihrem Begehren.

Sie hatte ihn seinerzeit beim Anmessen gesehen und all die Zeit über sein Gesicht gut in Erinnerung gehabt, erkannte ihn aber jetzt nicht sogleich. Die Aufregungen der Verhöre mußten ihn verändert haben.

Sie sagte hastig: «Der Mantel. Sie haben ihn nicht bezahlt.»

Er sah sie einige Sekunden erstaunt an. Dann entsann er sich, und mit leiser Stimme fragte er: «Was bin ich Ihnen schuldig?»

«Zweiunddreißig Skudi», sagte sei, «Sie haben doch die Rechnung bekommen.»

Er drehte sich zu dem großen, dicken Beamten um, der die Unterredung überwachte, und fragte ihn, ob er wisse, wieviel Geld zusammen mit seinen Habseligkeiten im Gebäude des Heiligen Offiziums abgegeben worden sei. Der Mann wußte es nicht, versprach jedoch, es festzustellen.

«Wie geht es Ihrem Mann?» fragte der Gefangene, sich wieder zu der Alten wendend, als sei damit die Angelegenheit in Fluß gebracht, so daß normale Beziehungen hergestellt und die Umstände eines gewöhnlichen Besuchs gegeben waren.

Und die Alte, von der Freundlichkeit des kleinen Mannes verwirrt, murmelte, es gehe ihm gut, und fügte sogar noch etwas von seinem Rheuma hinzu.

Sie ging auch erst zwei Tage später wieder in das Gebäude des Heiligen Offiziums, da es ihr schicklich erschien, dem Herrn Zeit zu seinen Erkundigungen zu lassen.

Tatsächlich erhielt sie die Erlaubnis, ihn noch einmal zu sprechen. Sie mußte in dem winzigen Zimmer mit dem vergitterten Fenster freilich mehr als eine Stunde warten, weil er beim Verhör war.

Er kam und schien sehr erschöpft. Da kein Stuhl vorhanden war, lehnte er sich ein wenig an der Wand an. Jedoch sprach er sofort zur Sache.

Er sagte ihr mit sehr schwacher Stimme, daß er leider nicht imstande sei, den Mantel zu bezahlen. Bei seinen Habseligkeiten habe sich kein Geld vorgefunden. Dennoch brauche sie noch nicht alle Hoffnung aufzugeben. Er habe nachgedacht und sich erinnert, daß für ihn bei einem Mann, der in der Stadt Frankfurt Bücher von ihm gedruckt habe, noch Geld liegen müsse. An den wolle er schreiben, wenn man es ihm gestattete. Um die Erlaubnis wolle er schon morgen nachkommen. Heute sei es ihm beim Verhör vorgekommen, als ob keine besonders gute Stimmung herrsche. Da habe er nicht fragen und womöglich alles verderben wollen.

Die Alte sah ihn mit scharfen Augen durchdringend an, während er sprach. Sie kannte die Ausflüchte und Vertröstungen sämtlicher Schuldner. Sie kümmerten sich den Teufel um ihre Verpflichtungen, und wenn man ihnen auf den Leib rückte, taten sie, als setzten sie Himmel und Hölle in Bewegung.

«Wozu brauchten Sie einen Mantel, wenn Sie kein Geld hatten, ihn zu bezahlen?» fragte sie hart.

Der Gefangene nickte, um ihr zu zeigen, daß er ihrem Gedankengang folgte. Er antwortete: «Ich habe immer verdient, mit Büchern und mit Lehren. So dachte ich, ich verdiene auch jetzt. Und den Mantel glaubte ich zu brauchen, weil ich glaubte, ich würde noch im Freien herumgehen.»

Das sagte er ohne jede Bitterkeit, sichtlich nur, um ihr die Antwort nicht schuldig zu bleiben.

Die Alte musterte ihn wieder von oben bis unten, voll Zorn, aber mit dem Gefühl, nicht an ihn heranzukommen, und ohne noch ein Wort zu sagen, wandte sie sich um und lief aus dem Zimmer.

«Wer wird einem Menschen, dem die Inquisition den Prozeß macht, noch Geld schicken?» äußerte sie böse zu ihrem Mann hin, als sie an diesem Abend im Bett lagen. Er war jetzt beruhigt über die Stellung der geistlichen Behörden zu ihm, mißbilligte aber doch die unermüdlichen Versuche seiner Frau, das Geld einzutreiben.

«Er hat wohl jetzt an anderes zu denken», brummte er.

Sie sagte nichts mehr.

Die nächsten Monate vergingen, ohne daß in der leidigen Angelegenheit irgend etwas Neues geschah. Anfang Januar hieß es, die Signoria trage sich mit dem Gedanken, dem Wunsch des Papstes nachzukommen und den Ketzer auszuliefern. Und dann kam eine neue Vorladung für die Zuntos in das Gebäude des Heiligen Offiziums.

Es war keine bestimmte Stunde genannt, und Frau Zunto ging an einem Nachmittag hin. Sie kam ungelegen. Der Gefangene erwartete den Besuch des Prokurators der Republik, der von der Signoria aufgefordert worden war, ein Gutachten über die Frage der Auslieferung auszuarbeiten. Sie wurde von dem höheren Beamten empfangen, der ihr einmal die erste Unterredung mit dem Nolaner verschafft hatte, und der Greis sagte ihr, der Gefangene habe gewünscht, sie zu sprechen, sie solle aber überlegen, ob der Zeitpunkt günstig gewählt sei, da der Gefangene unmittelbar vor einer für ihn hochwichtigen Konferenz stehe.

Sie sagte kurz, man brauche ihn ja nur zu fragen.

Ein Beamter ging weg und kehrte mit dem Gefangenen zurück. Die Unterredung fand in Anwesenheit des höheren Beamten statt.

Bevor der Nolaner, der sie schon unter der Tür anlächelte, etwas sagen konnte, stieß die Alte hervor:

«Warum führen Sie sich dann so auf, wenn Sie im Freien herumgehen wollen?»

Einen Augenblick schien der kleine Mann verdutzt. Er hatte dieses Vierteljahr sehr viele Fragen beantwortet und den Abschluß seiner letzten Unterredung mit der Frau des Schneiders kaum im Gedächtnis behalten.

«Es ist kein Geld für mich gekommen», sagte er schließlich, «ich habe zweimal darum geschrieben, aber es ist nicht gekommen. Ich habe mir gedacht, ob ihr den Mantel zurücknehmen werdet.»

«Ich wußte ja, daß es dazu kommen würde», sagte sie verächtlich. «Und er ist nach Maß gearbeitet und zu klein für die meisten.»

Der Nolaner sah gepeinigt auf die alte Frau.

«Das habe ich nicht bedacht», sagte er und wandte sich an den Geistlichen.

«Könnte man nicht alle meine Habseligkeiten verkaufen und das Geld diesen Leuten aushändigen?»

«Das wird nicht möglich sein», mischte sich der Beamte, der ihn geholt hatte, in das Gespräch. «Darauf erhebt Herr Mocenigo Anspruch. Sie haben lange auf seine Kosten gelebt.»

«Er hat mich eingeladen», erwiderte der Nolaner müde.

Der Greis hob seine Hand.

«Das gehört wirklich nicht hierher. Ich denke, daß der Mantel zurückgegeben werden soll.»

«Was sollen wir mit ihm anfangen?» sagte die Alte störrisch.

Der Greis wurde ein wenig rot im Gesicht. Er sagte langsam:

«Liebe Frau, ein wenig christliche Nachsicht würde Ihnen nicht schlecht anstehen. Der Angeklagte steht vor einer Unterredung, die für ihn Leben oder Tod bedeuten kann. Sie können kaum verlangen, daß er sich allzusehr für Ihren Mantel interessiert.»

Die Alte sah ihn unsicher an. Sie erinnerte sich plötzlich, wo sie stand. Sie erwog, ob sie nicht gehen sollte, da hörte sie hinter sich den Gefangenen mit leiser Stimme sagen:

«Ich meine, daß sie es verlangen kann.»

Und als sie sich zu ihm umwandte, sagte er noch: «Sie müssen das alles entschuldigen. Denken Sie auf keinen Fall, daß mir Ihr Verlust gleichgültig ist. Ich werde eine Eingabe in der Sache machen.»

Der große Dicke war auf einen Wink des Greises aus dem Zimmer gegangen. Jetzt kehrte er zurück, breitete die Arme aus und sagte: «Der Mantel ist überhaupt nicht mit eingeliefert worden. Der Mocenigo muß ihn zurückbehalten haben.»

Der Nolaner erschrak deutlich. Dann sagte er fest:

«Das ist nicht recht. Ich werde ihn verklagen.»

Der Greis schüttelte den Kopf.

«Beschäftigen Sie sich lieber mit dem Gespräch, das Sie in ein paar Minuten zu führen haben werden. Ich kann es nicht länger zulassen, daß hier wegen ein paar Skudi herumgestritten wird.»

Der Alten stieg das Blut in den Kopf. Sie hatte, während der Nolaner sprach, geschwiegen und maulend in eine Ecke des Zimmers geschaut. Aber jetzt riß ihr wieder die Geduld.

«Paar Skudi!» schrie sie. «Das ist ein Monatsverdienst! Sie können leicht Nachsicht üben. Sie trifft kein Verlust!»

In diesem Augenblick trat ein hochgewachsener Mönch in die Tür.

«Der Prokurator ist gekommen», sagte er halblaut, verwundert auf die schreiende alte Frau schauend.

Der große Dicke faßte den Nolaner am Ärmel und führte ihn hinaus. Der Gefangene blickte über die schmale Schulter zurück auf die Frau, bis er über die Schwelle geführt wurde. Sein mageres Gesicht war sehr blaß.

Die Alte ging verstört die Steintreppe des Gebäudes hinunter. Sie wußte nicht, was sie denken sollte. Schließlich tat der Mann, was er konnte.

Sie ging nicht in die Werkstätte, als eine Woche später der große Dicke den Mantel brachte. Aber sie horchte an der Tür, und da hörte sie den Beamten sagen: «Er hat tatsächlich noch die ganzen letzten Tage sich um den Mantel gekümmert. Zweimal machte er eine Eingabe, zwischen den Verhören und den Unterredungen mit den Stadtbehörden, und mehrere Male verlangte er eine Unterredung in dieser Sache mit dem Nuntius. Er hat es durchgesetzt. Der Mocenigo mußte den Mantel herausgeben. Übrigens hätte er ihn jetzt gut gebrauchen können, denn er wird ausgeliefert und soll noch diese Woche nach Rom abgehen.»

Das stimmte. Es war Ende Januar.

Traumpartner der Liebe

Der Fische-Mann ist der wahre Romantiker

Fragen Sie sich hin und wieder, ob es denn noch Romantik auf der Welt gebe, wo doch ständig nur von Sex, Gewalt und politischen Unruhen die Rede ist? Träumen Sie von einem Mann, der warmherzig, mitfühlend und sensibel ist und der Ihnen, während er Ihnen tief in die Augen schaut, zärtlich all die Worte zuflüstert, nach denen Sie sich schon immer gesehnt haben?

Ich höre schon den mannigfachen Protest, wenn ich nun dreist behaupte, die Fische seien das gefühlvollste Zeichen des ganzen Tierkreises. Sicher, Krebs oder Waage können genauso romantisch veranlagt sein. Jeder und jede von uns ist ja ein Individuum, und jedes Horoskop ist einzigartig, basiert auf dem Tag, der Zeit und dem Ort der Geburt eines Menschen. Trotzdem halte ich an meiner Charakterisierung fest und behaupte, daß die *wahre* Romantik im althergebrachten Sinn am ehesten bei den Fischen zu finden ist.

Die Fische werden von Neptun, dem Planeten der Inspiration, beherrscht. Sie sind sehr kreative Menschen, aber nicht immer besonders praktisch veranlagt. Erinnern Sie sich, daß das Symbol der Fische, des dritten und letzten Wasserzeichens, zwei Fische sind, die in die entgegengesetzte Richtung schwimmen. Ein Fisch muß sich entscheiden, entweder flußaufwärts dem Erfolg zu oder den leichteren Weg flußabwärts zu schwimmen, der sich vielleicht im Nichts verliert. Fast bei allen Astrologen läßt sich nachlesen, Fische sähen die Welt durch eine rosarote Brille, würden Luftschlösser bauen, der Realität aus dem Weg gehen, den wesentlichen Anforderungen des Lebens ausweichen usw.

Haben Sie einen Mann mit wunderschönen Augen kennengelernt, die das wahre Fenster zu seiner Seele zu sein scheinen? Spüren Sie, daß er ein höchst zärtlicher und zartbesaiteter Liebhaber sein könnte? Sieht er aus wie ein verlorener kleiner Junge, und verströmt er einen zarten verletzlichen Charme, so daß Sie ihn am liebsten unter Ihre Fittiche nehmen würden? Dann sind Sie vermutlich dem Zauberbann eines Fisches verfallen.

Musik, Malerei, Tanz, Fotografie – in all diesen Bereichen tummeln sich viele Fische. Denken Sie nur an Caruso, Chopin, Rimski-Korsakow, Michelangelo, Renoir, Lord Snowdon, Nijinsky und Nurejew.

Fische verstehen es, ihren romantischen Gefühlen einen ganz besonderen Ausdruck zu verleihen. Auch Ihr Fische-Mann ist sicherlich ein wahrer Märchenerzähler. Fische-Männer sind außerdem sehr intuitiv veranlagt und können schon bald die Gedanken ihrer Partnerin erahnen. Seien Sie also auf der Hut.

Wenn Sie sich mit einem Fische-Traumpartner einlassen, kann es zu einer fast telepathischen Verbindung zwischen Ihnen kommen. Bei meinen Fische-Bekannten beiderlei Geschlechts habe ich häufig festgestellt, daß sie immer schon vorher erahnen, daß ich Ihnen etwas Wichtiges zu sagen habe. Selbst wenn wir längere Zeit nicht miteinander gesprochen haben, klingelt das Telefon oft genau in dem Augenblick, in dem auch ich die betreffende Person gerade anrufen wollte.

Das Sternzeichen dieses Traumpartners ist leicht zu erraten, selbst wenn seine Augen Ihnen keinen besonderen Hinweis geben. Vermutlich ist er beim ersten Zusammentreffen sehr schüchtern. Auf einer Party läßt er alle anderen munter drauflosreden, während er Sie ruhig abschätzt. Nur zu wahrscheinlich, daß auch er eine Traumpartnerin sucht, leider aber so weltfremd und leicht zu beeindrucken ist, daß er sich bei seiner Suche zuweilen selbst ein Bein stellt.

Fische werden oft das Opfer ihrer eigenen Illusionen. Ihre Träume werden häufig so brutal zerstört, daß sie daran fast zugrunde gehen. Dann können sie depressiv und lebensverneinend werden und versuchen manchmal ihre Sorgen gleichsam zu ertränken. Damit fangen aber die Schwierigkeiten unter Umständen erst recht an. Fische können in Gefahr geraten, dem Alkohol oder anderen Drogen zu verfallen. Natürlich ist auch dies eine grobe Verallgemeinerung, und noch längst nicht jeder Fische-Geborene wird Alkoholiker oder drogensüchtig.

Es kann fast als sicher angenommen werden, daß ein Fische-Mann mehrere unglückliche Romanzen hinter sich hat. Wenn er sein Herz verschenkt, soll es für immer sein. Gleichzeitig stellt er seine Partnerin aber auf ein so hohes Podest, daß sie seinen Idealen gar nicht entsprechen *kann*.

Bevor Sie sich näher mit einem Fische-Mann einlassen, sollten Sie sich über Ihre Motive Rechenschaft geben. Wenn Sie nur ein Abenteuer suchen, dann halten Sie sich zurück und zerstören Sie bitte nicht die Vorstellungen dieses Traumpartners von Liebe und Gefühl. Er sucht nämlich mehr, sofern sein persönliches Horoskop nicht andere Akzente setzt. Er braucht eine Partnerin, die das Leben ebenfalls gern durch seine rosa Brille betrachtet und mit ihm zusammen Träume spinnt.

Falls Sie gerade jemanden kennengelernt haben und wissen möchten, ob Ihre Vermutung – nämlich daß Sie es mit einem Fisch zu tun haben – stimmt, dann fragen Sie ihn nach seiner Tätigkeit. Als Berufe kommen für Fische am ehesten in Frage: Autor, Schauspieler, Lyriker, Tänzer, Musiker, Hellseher, Pfleger, Sozialarbeiter, Seemann, Priester oder Fotograf. Natürlich tummeln sich Fische auch in anderen Berufen, doch ist allen gemeinsam, daß sie, was immer sie tun, nicht nur für Geld tun, sondern auch weil ihnen ihre Arbeit wirklich Spaß macht. Der Fische-Traumpartner ist kein Geldscheffler. Und – was allerdings schlimmer ist – er kann überhaupt nicht mit Geld umgehen. Wieviel er auch verdienen mag, es rinnt ihm nur so durch die Finger. Dabei ist er nicht einmal besonders extravagant. Allerdings kann er Ihnen bedenkenlos ein Dutzend rote Rosen schicken, obwohl sein Bankkonto bereits überzogen ist. Geld und Fische-Mann halten es nicht lange zusammen aus. Jeder, der einem Fische-Mann eine Rührgeschichte auftischt, findet bei ihm ein offenes Ohr. Dagegen gelingt es ihm selten, sein Konto im Gleichgewicht zu halten. Er gibt immer mehr aus, als er verdient. Falls ihm kein guter Schatzmeister zur Seite steht, wird er immer in Schwierigkeiten sein, wenn die Steuererklärung ansteht.

Ich nehme an, das Bild der Fische nimmt in Ihrer Vorstellung allmählich Konturen an. Sollten Sie sich aber immer noch im unklaren über das Sternzeichen Ihres Gegenübers sein, dann werfen Sie doch einen verstohlenen Blick auf seine Kleidung. Er ist wahrscheinlich nicht der bestangezogene Mann, doch stellt er Farben und Stoffe geschmack- und kunstvoll zusammen. Er haßt laute, schrille Töne, auch an den Kleidern einer Frau. Wenn seine tiefen Blicke Sie nicht bereits betört haben, wird vermutlich der Duft seines Rasierwassers ein übriges tun und Sie in angeregte Stimmung versetzen.

Sie werden schon bald merken, daß Sie einen Mann

kennengelernt haben, der manchen Ihrer Träume wahr werden läßt. Sobald er die ideale Seelengefährtin gefunden hat, bleibt er ihr treu. Doch obwohl man seine Intuition und Weisheit in bezug auf andere nie unterschätzen sollte, bleibt der Fische-Mann sich oft selbst ein Rätsel. Er ist ein Schauspieler auf einer riesigen Bühne. Er will jedem helfen, der irgendwelche Probleme hat, kann sich aber oft selbst nicht helfen. Er kann in Apathie versinken, aber auch die höchsten Gipfel des Glücks erleben. Sein Sinn für Humor ist phänomenal, aber er schämt sich auch nicht, Sie seine Tränen sehen zu lassen.

Vielleicht ist Ihnen ein solch romantischer Träumer noch nie begegnet, und Sie fragen sich, wo Sie mit der Suche am ehesten beginnen sollen. Fische nehmen oft an Yoga-, Meditations- und Tanzkursen teil. Sie lieben Theater (Fische sind die geborenen Schauspieler), Kunstgalerien und Musik, helfen in Wohlfahrtsausschüssen, segeln und fischen (schließlich ist der Fisch ein Wasserzeichen) – oder nehmen sich streunender Hunde an.

Falls Sie das Glück haben, im Urlaub einen Fische-Mann kennenzulernen, wird das sicher eine der romantischsten Beziehungen, die Sie je erlebt haben. Wie er sich auch nach außen gibt, im Grunde sucht er nach einer treuen Seelengefährtin. Mit einem Fische-Mann sollten Sie im Mondschein am Strand spazierengehen, die Nacht unter dem Sternenhimmel durchtanzen, Sonnenaufgänge und -untergänge genießen und einander dabei süße Worte ins Ohr flüstern. Der Fische-Mann ist aber nicht auf ein flüchtiges nächtliches Abenteuer, sondern von Anfang an auf eine feste Beziehung aus. Oft überschlägt er sich dabei vor Eifer fast und fängt an, Luftschlösser zu bauen, bevor Sie einander überhaupt richtig kennengelernt haben.

Wenn Sie schon einmal eine Beziehung mit einem Fische-Mann eingegangen sind, wissen Sie, wie schön es ist, behandelt zu werden, als wäre man die einzige Frau auf der Welt, die schönsten Komplimente zu bekommen und zu wissen, daß sie ehrlich gemeint sind und ohne den Hintergedanken, Sie nur gerade ins nächste Bett zu locken. Falls Sie nach einer richtig altmodischen Romanze mit einem zärtlichen, liebevollen Partner Ausschau halten, der nichts anderes wünscht, als Sie glücklich zu machen, ist dies der ideale Traumpartner. Dabei macht es keinen Unterschied, ob Sie ihn im Urlaub oder zu Hause kennenlernen. Und falls Sie ihm so verfallen, wie er Ihnen verfällt, werden Sie beide alles um sich herum vergessen und nur noch Augen füreinander haben.

Die Hauptschwierigkeit des Fische-Mannes ist die simple Realität. Während des Urlaubs kann er ihr vielleicht noch entrinnen, doch macht er sich und Ihnen etwas vor, wenn er auch im Alltag so tut, als existierte sie nicht. Nicht daß er Sie hintergehen möchte! Aber versichern Sie sich doch, daß er nicht schon anderweitig gebunden ist – wenn auch vielleicht unglücklich. Es fällt ihm leicht, Ihnen etwas vorzumachen. Niemand kann so wunderschöne Märchen vom ewigen Glück ausmalen wie ein Fische-Mann.

Hüten Sie sich, ihm zu Unrecht irgend etwas vorzuwerfen. Er ist nun einmal eine höchst empfindsame Seele, und eine verletzende Bemerkung oder Tat würde ihn schwer kränken.

Der Fische-Mann ist äußerst gefühlvoll, im Grunde sogar noch gefühlvoller als der Krebs. Er genießt alle möglichen Anlässe, um Sie mit Beweisen seiner Liebe zu überhäufen und in ein romantisches Restaurant zu entführen. Er läßt sich selbst gern mit sorgfältig ausgewählten Geschenken verwöhnen: mit einem Paar teuren italienischen oder französischen Socken etwa, einem weichen Kaschmir-Sweater in seiner Lieblingsfarbe, dem Rasierwasser, das er liebt, sich aber nicht leisten kann, einer neuen Badehose, mit Schallplatten mit seinen Lieblingssängern oder silbernen Champagnerkelchen.

Zu Beginn mag er vielleicht ein wenig schüchtern sein. Hat er aber einmal die ideale Traumpartnerin gefunden, ist er ein warmherziger, zärtlicher Liebhaber. Er mag es nicht besonders, wenn eine Frau zu forsch auftritt. Vielleicht braucht er etwas Zeit, bis er seinen Mut zusammengenommen hat und sich zum ersten Mal mit Ihnen verabredet. Übereilen Sie nichts mit einem Fische-Mann. Was geschehen soll, geschieht auch. Er weiß das recht gut, und Sie wissen es jetzt auch.

Auch das Leben mit einem Fische-Mann fließt nicht immer ruhig dahin, aber welche Beziehung ist schon *immer* einfach? Sie wissen bereits, daß er nicht mit Geld umgehen kann und manchmal sehr unpraktisch ist. Damit müssen Sie umzugehen lernen. Wenn Sie eine Fische-Frau sind, sollten Sie vielleicht gemeinsam einen Finanzberater engagieren, der Ihr Geld verwaltet. Auf lange Sicht wird Ihnen dies viel Ärger ersparen.

Falls Sie noch glauben, daß es irgendwo einen Mann gibt, der dieselben Vorstellungen und Ziele hat wie Sie und der alles in seiner Macht Stehende tut, um *Ihre* Träume wahr werden zu lassen, sollten Sie die anderen elf Tierkreiszeichen vergessen.

Konzentrieren Sie sich darauf, Ihrem Fische-Traumpartner klarzumachen, daß seine Suche ein Ende hat, daß Sie die Frau sind, die all seine Wünsche befriedigt und ihm die zärtlich liebevolle Fürsorge angedeihen läßt, nach der ihn so sehr verlangt.

Die Augen einer Fische-Frau haben meist eine ausgesprochen rätselhafte Wirkung. Wenn ihr versonnener Blick auf Ihnen ruht, ist Ihr Herz wahrscheinlich bereits geschmolzen. Sie spüren die Wärme, die Lauterkeit und das Verständnis, die sie um sich verbreitet, und sind überzeugt, endlich einer Frau begegnet zu sein, die eine wirkliche Seelengefährtin ist, die auf Ihre Bedürfnisse eingeht, Sie über Ihre Probleme hinwegtröstet und für immer lieben wird.

Als Kind hat die Fische-Frau wahrscheinlich Stunden damit verbracht, Märchen von verwunschenen Häuschen und guten Feen zu lesen. Als sie älter wurde, mag die Nibelungensage sie in Bann geschlagen haben, wobei sie sich selbst natürlich als Kriemhilde gesehen hat. Die Fische-Frau ist immer auf der Suche nach der echten Romanze, und sie gibt nie auf, wie oft auch ihre Hoffnung durch die eine oder andere unglückliche Affäre zerstört worden sein mag. Denken Sie nur an zwei in diesem Zeichen geborene Frauen: Elizabeth Taylor – was für Augen! – und Liza Minelli.

Natürlich haben manche energische Frauen für die Fische-Frau nichts als Spott und Hohn übrig. Sie werfen ihr vor, die Sache der Frauen zu verraten, indem sie ihre weiblichen Listen bloß einsetzt, um sich einen Mann zu angeln, also daß sie Seelchen spielt, um zu bekommen, was sie will. Doch wird man ihr mit diesem Urteil nicht gerecht. Und was schert es Sie, was andere Frauen von ihr halten. Sie werden Ihre ersehnte Traumpartnerin ja doch nicht wieder ziehen lassen, nachdem Sie sie endlich erobert haben.

Um das Herz einer Fische-Frau zu gewinnen, müssen auch Sie recht gefühlvoll veranlagt sein. Wenn Sie diese

Frau an Ihrer Seite haben möchten, dürfen Sie nicht als bärbeißiger, kühl kalkulierender, nur an Geld interessierter Mann auftreten. Immerhin sollten Sie praktisch veranlagt sein – zumindest was Geldangelegenheiten betrifft –, denn Frauen dieses Sternzeichens sind für die Fähigkeit, mit Geld umgehen zu können, wirklich nicht berühmt. Falls Ihre Fische-Frau darüber in Rage gerät und unter Beweis stellt, daß ich mich irre, liegt das vermutlich daran, daß in ihrem Horoskop der Stier, die Jungfrau oder der Steinbock mit im Spiel ist.

Wird Ihre Fische-Traumpartnerin Ihre Lebensgefährtin oder Ihre Frau, werden Sie nicht darum herumkommen, ein paar Sträuße auszufechten, etwa weil das Haushaltsgeld am Dienstag abend schon aufgebraucht ist oder weil sie vergessen hat, Ihren besten Anzug aus der Reinigung abzuholen. Die Liste der Dinge, die sie regelmäßig vergißt, ist endlos. Aber sie hat ja so viele gute Eigenschaften, daß das Leben mit ihr trotzdem ein wahres Glück ist.

Erwarten Sie bloß nicht, daß es leicht und angenehm ist, eine Fische-Frau zu verführen. Es ist nur zu wahrscheinlich, daß sie schon ein- oder zweimal enttäuscht worden ist, nachdem sie ein paar Luftschlösser auf Sand gebaut hat, und daraus gelernt hat. Zu viele Männer nehmen ihre Liebenswürdigkeit und Nachsicht als gegeben hin, tändeln mit anderen Frauen herum, darauf bauend, daß die Fische-Frau sie zu Hause mit leuchtenden Augen erwartet, wenn sie schließlich heimzukommen geruhen. Falls Ihre Fische-Traumpartnerin so etwas schon einmal erlebt hat, wird sie das künftig zu vermeiden trachten. Sie ist auf einen Partner angewiesen, der innerlich gefestigt ist und ihre Depressionen auffangen kann, der ihre Gefühle nie verletzt und der ihr helfen kann, mit sich selbst besser ins reine zu kommen.

Die Fische-Frau haßt Streitereien, sie läßt sich auch

nicht gern necken und verabscheut jede Form der Grausamkeit gegenüber Menschen und Tieren. Doch trotz ihres weichen, gefühlvollen Auftretens kann diese Frau manchmal durchaus intrigant sein.

Da die Fische-Frau von Neptun beherrscht wird, ist sie sehr kreativ und künstlerisch veranlagt, scheut sich aber, diese Talente zu zeigen. Sie braucht viel Ermutigung und Unterstützung, bevor sie ins Rampenlicht tritt.

Haben Sie eine Frau kennengelernt, auf die diese Beschreibung in etwa zutrifft, ohne daß Sie ihr Sternzeichen mit Gewißheit erraten können, sollten Sie bei Ihrem nächsten Zusammentreffen darauf achten, wie sie angezogen ist. Sicherlich kleidet sie sich sehr feminin, mit schwingenden Röcken und mit blumigen Mustern und ganz bestimmt niemals puritanisch streng. Sie macht sich gern hübsch und hat viel für Stoffe und Farben übrig. Ihr Schönheitssinn befähigt sie, sich genau ihrem Typ entsprechend zu kleiden und so die Aura von Romantik, die sie umgibt, noch zu verstärken.

Falls Sie noch nie eine Fische-Frau kennengelernt haben, aber gerne eine Traumpartnerin mit diesem Sternzeichen finden möchten, wollen Sie sicher wissen, wo Sie mit der Suche beginnen sollen. Da sie schüchterner als die meisten anderen Frauen, aber sehr kunstinteressiert ist, besucht sie sicherlich oft Konzerte und Kunstgalerien, und falls sie ihre Schüchternheit überwunden hat, spielt sie vielleicht sogar in einer Theatergruppe mit (Fische beiderlei Geschlechts sind geborene Schauspieler, ob sie es nun zugeben oder nicht). Vielleicht hält sie sich auch im Schwimmbad auf oder schaut am Strand den sich kräuselnden Wellen nach. Vergessen Sie nicht: Fische sind ein Wasserzeichen.

Auch wenn Ihnen die Fische-Frau anfangs recht unabhängig vorkommt, spüren Sie doch im Gespräch bald heraus, daß sie wie ein kleines Mädchen, das sich verirrt hat, nach Schutz sucht. Und gerade dieser Appell an den Beschützertrieb, der jeden Mann sich stark fühlen läßt, macht sie zu einer für viele so perfekten Traumpartnerin. Aber Vorsicht, sie kann, was ihre Vorlieben und Abneigungen betrifft, recht wechselhaft sein.

Um ihr Herz zu gewinnen, müssen Sie ganz piano vorgehen, und weil sie ein solch gefühlvolles Seelchen ist, dürfen Sie nie ihren Geburtstag vergessen oder gar den Jahrestag Ihres ersten Zusammentreffens und darüber hinaus auch nicht den Geburtstag ihres Hundes oder ihrer Katze oder welches ihre Lieblingsblumen sind. Manches, was für andere nicht besonders viel Bedeutung hat, kann für diese Frau sehr wichtig sein.

Die Fische-Frau läßt sich gern in intime, kleine romantische Restaurants ausführen, wo ihre Lieblingsmelodien leise im Hintergrund erklingen und wo statt der Neon-Deckenbeleuchtung Kerzen auf den Tischen ihr warmes Licht verströmen.

Im Urlaub hält sie sich gern am Wasser auf – das haben Sie sich vermutlich schon fast gedacht. Sie können ihr besonders hübsche Wäsche schenken oder eine hübsch gemusterte Strumpfhose, Bücher mit romantischen Gedichten, Bade- und Körperlotionen mit der von ihr bevorzugten Duftnote oder einen weichen Angorapullover, passend zur Farbe ihrer Augen. Es wird Ihnen bald auffallen, wie sehr sie sich über jedes noch so kleine, liebevolle Geschenk freut. Schicken Sie ihr deshalb zu jeder Gelegenheit ein paar Blumen.

Zur Raserei bringen kann Sie hin und wieder die ausgeprägte Unentschlossenheit der Fische-Frau, desgleichen ihre Trägheit. Außerdem ist sie wahrscheinlich gerade dann völlig in ihrer Traumwelt versunken, wenn Sie über die steigenden Goldpreise sprechen wollen. Aber im

Grunde ist sie eine wunderbare Frau, und wenn Sie sich auf ihre Träume einlassen, werden Sie viele unvergeßliche Augenblicke mit ihr erleben, die das Leben köstlich machen und reich an dauerhaftem romatischem Glück.

David Hogan

Wenn die Forelle springt

Michael Davin saß am Ende einer schmalen, ungefüge aus Steinen aufgeschichteten Mole, die in das braune Wasser des Loughs vorstieß. Er war heute Hals über Kopf aus Dublin hergekommen, und die Stille tat ihm wohl. Nach der mühseligen Fahrt auf gewundenen Bergstraßen, die so selten benutzt wurden, daß er an jeder Wegbiegung Scharen von Kaninchen aufschreckte, die sich wie ein weißer Wirbelwind in ihre Höhlen flüchteten, nach all dem Stoßen und Stuckern auf holprigem Boden, nach der Nervenprobe, mit drei an der Querstange befestigten Gewehren an einem halben Dutzend Polizeistationen vorbeizufahren, nach solch einem Tag waren die Stille und der unendliche Frieden des Sees eine köstliche Zuflucht.

Es war ein Abend anfangs Juni. Die glatte Fläche des Sees wurde dann und wann von einer plötzlichen Brise aufgestört, die ihre Hand aufs Wasser legte und lange Finger vorschickte.

Wenn die Finger sich hoben, war der See wieder ein glatter Spiegel, der das Abbild der Hügel und Bäume und die Halle des Abendhimmels wundersam einschloß. Von seinem Steinthron aus konnte Michael durch das Wasser bis auf den Grund des Sees blicken. Nicht weit von ihm tanzten Insekten, und er sah ihnen andächtig zu. Manchmal ließen sich einige aufs Wasser nieder, segelten ein wenig, hoben sich in die Lüfte und tanzten weiter. Während er ihnen träumerisch zuschaute, hörte er ganz nahebei eine Forelle aus dem Wasser schnellen. Er hatte geglaubt, es sei in der Nähe, aber dann sah er, daß die Ringe sich ziemlich in der Mitte des Sees vergrößerten. Es war so unendlich still ringsum.

Wieder erklang das «plop» eines springenden Fisches, und Michael bemerkte, wie sich mehrere Ringe auf der Spiegelfläche bildeten. Die Forellen schnappten sich ihre Abendmahlzeit. Immer, wenn er das «plop» hörte, klang es ihm wie ein Liebesruf, und halb verträumt machte er das Boot los, das an der einfachen Mole vertäut lag, und trieb leise auf den stillen See hinaus. Wenn er auch ein Fischer war, wollte er jetzt doch nicht fischen, sondern auf dem Wasser treiben, rücklings im Boot liegen, nichts als den Himmel sehen, nichts als die fernen Geräusche vom Ufer hören und der Musik der jagenden Forellen lauschen.

Als er ein besonders lautes Aufplatschen hörte, dachte er: «Das muß aber eine ganz dicke gewesen sein!» und richtete sich ein wenig auf, um den nächsten Sprung zu beobachten. Er sah, wie die Kreise wuchsen und wuchsen.

Dann machte es wieder «plop» – und Wasser spritzte hoch. Da wußte Michael Davin, daß es ein Stein gewesen war. Und im gleichen Augenblick überfiel ihn all die Unrast seines Rebellenlebens. Er wurde wieder nervös, hellhörig, wachsam, unruhig. Er drückte sich ins Boot hinein und wunderte sich, wo der Stein hergekommen sein mochte, wer ihn geworfen haben konnte, was er zu bedeuten hatte. Warum rief man ihn nicht einfach?

Er legte die Ruder zurecht, so daß er sie im Notfall schnell benutzen konnte, und musterte das Ufer, in dessen Nähe ihn das treibende Boot getragen hatte. Er sah nichts und niemanden. Angst, daß feindliche Augen ihn beobachten konnten, packte ihn. Er glaubte die Blicke förmlich zu spüren. Doch auf dem schattendunklen Ufer war nichts zu sehen als Gruppen windschiefer Bäume, die am Rande des Wassers standen. Seine Blicke wanderten zu einer dieser Gruppen: Auf einer kleinen Halbinsel wuchsen vier krumme Stämme und spiegelten sich matt im Wasser, denn die Nacht zog herauf. Aber außer den vier Stämmen konnte er nichts erkennen. In der atemlosen Stille rings um ihn her hörte er mitten auf dem See eine Forelle springen – und dann kam von der ihn faszinierenden Baumgruppe ein schwaches, metallisches «klick».

Schneller als der Blitz waren die Ruder im Wasser, und Michael ruderte wild vom Ufer fort. Mit jeder Faser seines Körpers wartete er auf einen anderen Ton, der von Hügel zu Hügel, von Ufer zu Ufer peitschen würde und mancher wartenden Kolonne talaufwärts oder auf den waldigen Anhöhen eine Nachricht – welche? – bringen würde.

Während Michael Davin auf den Ton wartete, hatte er ein seltsames Erlebnis. Es war ihm, als stünde er vor einer großen Kirche, deren Pfeiler sich langsam vorneigten und in kleine Stückchen zerbröckelten – Vorboten eines mächtigen Einsturzes. Wie in einer Vision sah er die große Bronzekuppel mit dem darüberschwebenden goldenen Kreuz sich allmählich auf ihn zuneigen. Er dachte, daß die Welt über dem Fall aus den Fugen geraten müsse und ihn unter sich begraben würde, wenn er nicht ganz schnell wegruderte.

Wie wahnsinnig jagte er über den dunkler werdenden See, fort von dem Ton, den er nur zu gut kannte, fort von dem Ton hinter den verkrüppelten Bäumen, von dem «klick» des Magazins, wenn das Gewehr neu geladen wird. Er hatte es gehört. Es konnte nichts anderes gewesen sein. Zwei Jahre lang hatte er in der Ost-Wicklow-Kolonne der

Irisch-Republikanischen Armee Drill und Kampf und Märsche mitgemacht und kannte jeden Laut, der von einem Gewehr herrührt.

Wer den Stein geworfen hatte, der hatte ihn aus dem Boot hochlocken wollen, um ihn aufs Ziel zu nehmen und zu erschießen. Das «klick» hinter den Bäumen bedeutete, daß der Besitzer des Gewehres fest entschlossen war, sich seine Beute nicht entgehen zu lassen. Er wollte sich nicht auf *einen* Schuß verlassen; er hatte das Magazin neu gefüllt, um ganz sicherzugehen. Aber geschossen – hatte er nicht. Und das konnte Michael nicht verstehen. Er hatte geladen, um zu schießen. Während Michael sein leichtes Boot über den See fliegen ließ, dachte er über das geheimnisvolle Gewehr nach, das stumm blieb.

Die Nacht sank nun schnell. Michael schaute wieder nach den Bäumen aus, aber die schwarzen Höhen, die den See einschlossen, hatten sie verschluckt. Ein Gedanke kam ihm, und er steuerte absichtlich auf die Helle zu, die noch in der Mitte des Sees blinkte. Er ruderte aus dem Schatten des einen Ufers durch die Helle und hinüber in die jenseitigen Schatten und wartete auf einen Schuß. Doch er kam nicht. Bald mußte sein Boot den Blicken des stummen Beobachters auf dem fernen Ufer entzogen sein.

Um das Geheimnis herauszubekommen, zog Michael das Boot an die Mole, rasselte mit dem Eisenring, als ob er es vertäue, und schritt geräuschvoll über die Steine, denn er wußte, daß all diese Laute übers Wasser zu dem unsichtbaren Schützen hinüberwandern würden. Dann kroch er lautlos wie eine Katze wieder ins Boot, stieß es auf den See hinaus, legte sich in den Bug und ruderte leise mit den Händen. Wie eine Entenmutter, die ihre Kleinen zum ersten Mal zum Schwimmen ausführt, den Blick des lauernden Habichts fürchtet und deshalb die baumbestandenen Ufer sucht, so stahl Michael sich von Schatten zu Schatten am Seeufer entlang bis zu jener Stelle, von der der verräterische Ton gekommen war. Langsam glitt er auf die kleine Halbinsel zu. Als er nur noch zweihundert Meter davon entfernt war, zog er das Boot leise auf den Strand und ging zu Fuß weiter.

Durch den ovalen Einschnitt zwischen den Bergen fiel der letzte schwache Schimmer des Tageslichts, aber einzelne Sterne hatten es schon durchlöchert, und der junge Mond leuchtete über dem Mullaghcleevan-Gebirge wie der Schmuck einer Feenkönigin, die über seine Gipfel wandert.

Doch das Licht der Sterne und des Sichelmondes konnte nicht durch die Schatten des Seeufers dringen. Michael hatte es gelernt, lautlos zu gehen. Mehr als einmal hatte er sich selbst im hellen Tageslicht bis dicht unter die Nase einer kampierenden Kolonne vorgeschlichen und ihre Zahl und Stellung erkundet. Keiner, der an dem stillen See saß, konnte das leiseste Geräusch von dem von Baum zu Baum gleitenden Etwas vernehmen. Endlich sah Michael die vier verkrüppelten Stämme. Während er hinstarrte, hämmerte ihm das Herz. Nach einiger Zeit glaubte er, in der Dunkelheit den sehr schwachen Schimmer eines Silberscheibchens zu erkennen. Er war nicht ganz sicher, aber was er erblickte, glich dem Abzeichen an der Mütze eines Polizisten. Er wartete, aber das Silberscheibchen rührte sich nicht. Und Michael ging darauf zu.

Was für ein sechster Sinn ist es, der uns das Unsichtbare sehen, das Unfaßbare fühlen läßt? Welch geheimnisvolle Kraft beherrscht jene Augenblicke, da wir um die Gedanken unserer Freunde wissen, die Nähe des Todes ahnen und in der Welt um uns eine Gegenwart spüren, die unser Auge nicht sieht und unser Ohr nicht hört?

Was es auch sein mag – das seltsame Wissen aus einer andern Welt überfiel Michael in dem Augenblick, als er aus dem schützenden Gebüsch hervortreten und auf die Silberscheibe zugehen wollte, die mitten zwischen den krummen Stämmen schimmerte. So stark war die Botschaft, daß sie seinen Fuß plötzlich innehalten und umkehren ließ. Er duckte sich wieder unter die Schatten. Die vier verkrüppelten Bäume standen dicht vor ihm, und das Geheimnis, das sie bargen, mußte er lösen. Trotzdem blickte er jetzt nicht dorthin.

Etwas vom Ufer entfernt und unmittelbar unter der schwarzen Felsklippe, die den See gürtete, war ein Ginstergestrüpp. Der Ginster war nicht zu erkennen; er war nur ein Schattenfleck vor dem dunkleren Schatten der Höhen. Michael starrte voller Erwartung und Angst darauf hin. Kein Geräusch war von dort hergedrungen. Die Stille über dem großen See war überwältigend. Das Wasser leuchtete matt im zitternden Licht, die schwarzen Hügel neigten sich rings im Kreis darüber. Wasser und Hügel waren so stumm, wie der Tod stumm ist. Und Michael wußte, daß das Ginstergestrüpp wichtiger für ihn war als die Silberscheibe, die zwischen den Bäumen schimmerte. Denn dort war etwas Lebendiges. Er wartete, staunend und angstvoll.

Ein Zweig brach, und das Blut dröhnte Michael in den Ohren. Einen Augenblick danach war er nicht ganz sicher, ob er wirklich etwas gesehen hatte, das sich vor der Klippe bewegte. Es hatte weder Form noch Farbe. Doch es war nicht so schwarz wie die Hügel. Ja, es bewegte sich. Es kam näher, ganz langsam, bereit zu fliehen, und voller Zaudern. Michael zog sich tiefer ins Dunkel zurück, die Blicke immer auf die Geister-Erscheinung geheftet, die bis jetzt nur wie der Schatten einer Wolke war, die nachts über den See gleitet. Er hörte, wie trockene Blätter vom vergangenen Herbst unter einem Schritt raschelten. Die Form nahm Farbe und Gestalt an. Er sah das Weiße eines Gesichts, das schwächere Grau eines Kleides ... es war ein Mädchen! Mit vorsichtigen, furchtsamen Schritten ging sie auf die vier krummen Baumstämme zu.

Überschlug sich seine Phantasie, oder sah er jetzt wirklich einen Mann, der sich gegen einen der Stämme lehnte – einen großen, kräftigen Mann, dessen Kopf als Silhouette vor dem vorübergehend erhellten Seespiegel vornüber zu hängen schien, als sei er eingeschlafen – oder betrunken – oder tot. Eine Bewegung lenkte seine Blicke auf die andere Person im Spiel. Sie war noch immer wie ein Schatten, aber er konnte erkennen, daß sie zwischen die vier Stämme schaute. Sie war nur ein paar Meter entfernt und mußte bestimmt das Geheimnis erspäht haben. Aber sie ließ sich nichts anmerken. Sie stahl sich noch einen Schritt vor, wie ein Tier, das seine Beute beschleicht. Dann plötzlich fuhr sie zurück, erstarrte und verhielt sich ganz still. Er hörte, daß sie heftig atmete, und sah, daß sie in der Hockstellung blieb, in der sie vorwärtsgekrochen war – als sei sie von dem Anblick, der sich ihr bot, versteinert.

Es schien eine Ewigkeit, bis sie sich wieder rührte. Sie sank auf die Knie und barg das Gesicht in den Händen. Michael hörte sie weinen. Er überlegte, wie er sich, ohne ihr noch mehr Furcht einzujagen, bemerklich machen könne. Er mußte sich bewegt haben, denn sie ließ die Hände sinken, das Schluchzen endete mit einem kleinen Schrei, und sie sprang hoch. Ehe Michael nachdenken konnte, was zu tun sei, floh sie in blindem Schrecken hinter das Ginstergestrüpp und stürzte dabei zwei-, dreimal hin. So sehr rannte sie, daß sie nicht hörte, wie er «Mary! Mary!» rief.

Als die große Stille das letzte Echo ihrer flüchtenden Schritte verschluckt hatte, kroch Michael auf die vier Stämme zu: Die Leiche Sergeant Edward Haydens von der Polizeistation in Darragh lehnte gegen die Bäume.

Michael kannte ihn gut. Er wußte, daß der Sergeant ihm schon seit Monaten auf den Fersen war, um ihn zu fangen oder zu erschießen, weil er dafür von der Regierung Belohnung und Beförderung erwartete.

Michael legte sich auf die Erde. Er fand den Karabiner des Sergeanten, der ihm aus der Hand gefallen war. Das Magazin war voll. Die Mündung des Gewehrs deutete auf den See, dorthin, wo das Aufklatschen eines Steins ihn aus seinen Träumen geschreckt hatte. Der Tod – ein Tod, dessen Flügel niemand gehört hatte – mußte sich unhörbar auf den Sergeanten gestürzt haben. Michael lag vor dem Gewehr auf den Knien, als ihm die Mütze einfiel, deren silbernes Abzeichen ihn zuerst aus dem Dunkel angelockt hatte. Er fand sie, auf einem Zweig hängend, und als er die Hand danach ausstreckte, sah er zwischen den Schultern des Sergeanten einen großen Pfeil stecken.

Michael bekämpfte seinen Widerwillen und zog den Pfeil heraus. Selbst im schwachen Sternenschimmer konnte er das Rot auf der Metallspitze erkennen. Lange starrte er den Pfeil an; dann wusch er das Blut im braunen Wasser des Sees ab und zerbrach den Schaft sorgfältig in viel Stückchen. Er entfernte sich einige Meter von der Leiche, beugte sich über das Ufer und grub ein Loch in den Seegrund. Er legte die Pfeilstücke hinein und bedeckte sie mit einem Stein. Ohne sich noch einmal nach dem toten Sergeant umzudrehen, der über den See starrte, ging er auf das Ginstergestrüpp zu.

Er konnte sich jetzt die Geschichte zusammenreimen. Er wußte, woher der Pfeil stammte. Nur ein Haus im Tal hatte eine solche Waffe: Tim O'Dowds Haus. Tim war in seinen jungen Jahren Grubenarbeiter in Afrika gewesen, und oft hatte er Michael von dem Zulu-Häuptling erzählt, der ihm einen großen Bogen und einen Köcher voller Pfeile mit bronzenen Spitzen geschenkt hatte. Es war eine

Dankesgabe gewesen. Seit die Unruhen in Irland ausgebrochen waren, hatte der alte Tim Bogen und Pfeile versteckt. Michael war überzeugt, daß die Polizei nichts davon ahnte. Und sie würden auch nicht wissen, wie Sergeant Hayden umgekommen war – wenn nicht jemand die Stücke fand, die er im See vergraben hatte.

All das und noch manches andere ging Michael durch den Kopf, als er den Pfad hinanstieg, der über die Hügel zu Tim O'Dowds Hütte führte. Das und noch manches andere. Denn er dachte an das Mädchen, das er wie ein verwundetes Reh hatte davonstürzen und hinfallen sehen.

Irgendwie mußte sie erfahren haben, daß er auf dem See war. Vielleicht wollte sie zu ihm kommen, vielleicht ihm eine Botschaft bringen? Oder sie hatte Pfeil und Bogen nur bei sich gehabt, damit sie sich beide die Zeit vertrieben? Vielleicht auch hatte sie Sergeant Hayden gesehen und geahnt, was er beabsichtigte? Dann war sie ihm wohl gefolgt, denn Michael hatte ihr beigebracht, Rehe anzupirschen und zu beschleichen. Vielleicht hatte sie hinter dem Ginstergestrüpp gelegen und beobachtet, wie der Sergeant Steine nach Michaels Boot warf und wie er dann das Gewehr mit dem Schuß lud, der ihn zum Oberwachtmeister gemacht hätte. Und als das Magazin klickte und der Kopf sich vorbeugte, um zu zielen, da schwirrte eine Sehne, ein feines Geräusch wie auf einer Harfe, und das Trauerspiel endete anders, als es geplant war.

Der alte Tim O'Dowd trat vor die Tür seiner Hütte, denn er hörte Schritte den Steinpfad heraufkommen. Als er sah, daß es Michael Davin war, rief er seiner Tochter zu, daß «er» da sei.

Sinnlichkeit im Zeichen der Fische

Die Fische-Frau verliebt sich leicht

Regiert von Neptun, dem Planeten der Schönheit und des Geheimnisvollen, ist die Fische-Frau sehr weiblich, sinnlich, intuitiv und zugänglich. Ihre Verständnisinnigkeit läßt sie die Kümmernisse andrer Menschen mitfühlen. Sie steht nie unbeteiligt daneben; sie scheint die Gefühle der andern mitzuerleben und spricht mehr auf die innere Wahrheit als auf die äußere Erscheinung an. Man soll nie versuchen, sie zu täuschen. Sie hat magische Kräfte und weiß um die Wahrheit.

Wegen ihrer ungewöhnlichen Sensibilität fühlt sie sich zum Okkulten hingezogen; aus der Reihe der Fische-Frauen stammen die meisten Handleserinnen, Hellseherinnen, Spiritistinnen und Medien. Erfahrung hat sie gelehrt, daß sie sich auf ihre «Ahnungen» verlassen können.

Der Schleier des Geheimnisvollen, der sie umgibt, kann täuschen. Ihr seltsames, bezauberndes Wesen zieht Männer unweigerlich an, aber sie ist im Grunde unselbständig und klammert sich an die Hauptperson in ihrem Leben.

Sie braucht die fortwährende Bestätigung, geliebt zu werden. Das vergilt sie ihrem Lebensgefährten mit den verschwenderischen Wohltaten einer wahrhaft sinnlichen Natur.

Die positiven Eigenschaften dieses Tierkreiszeichens sind nicht die eines aktiven Menschen, sondern wurzeln in Träumen und Sehnsüchten. Die Fische-Frau scheut vor der lärmigen Welt der Konflikte und des Kräftemessens zurück. Im Machtkampf geht sie subtil vor. Sie hat ein geradezu unheimliches Talent, mit Menschen umzugehen, besonders mit einflußreichen, wichtigen Leuten. Da sie unschuldig und hilflos erscheint, erweckt sie Beschützerinstinkte. Um sich den Beistand eines Mannes zu sichern, dessen Hilfe sie braucht, zögert sie nicht, ihn zu umgarnen.

Sie verliebt sich allzu leicht, sucht sich dafür aber leider fast nie den Richtigen aus. Auch wenn sie glücklich verheiratet ist, neigt sie zu außerehelichen Liebeleien. Gewöhnlich ist ihre etwas unberechenbare Zuneigung echt, und im Ausdruck ihrer Liebe kann sie zart und entzükkend sein.

In der Regel heiratet sie einen weichen, wenig fordernden Mann. Bei ihm fühlt sie sich am besten aufgehoben. Aber mit ihrer lebhaften Phantasie sehnt sie sich nach einem Liebhaber von anderem Schlag, nach einer Mischung von Lord Byron und einem Piraten, einem Mann mit romantischem Nimbus und brutalem, direktem Wesen. Sie möchte, daß dieser Traumgeliebte sie ihrem knabenhaften Ehemann entreißt.

Die Fische-Frau hat etwas von einer Nixe, die alle ihre weiblichen Reize spielen läßt, um das Interesse eines neuen Mannes zu wecken. Damit beweist sie sich, daß sie anziehend ist. Aber oft bekommt sie Angst vor den Männern, die sie angelockt hat, und dann versucht sie, den Avancen auszuweichen und sich zurückzuziehen. Eine Ausnahme bildet der knabenhafte Typ, den sie nicht zu fürchten braucht, und der einflußreiche Mann, den sie für irgendeinen Zweck benötigt.

Sie ist eine Schauspielerin, die jede Rolle übernehmen kann. Mitunter spielt sie sie so gut, daß es schwer ist, die echte Persönlichkeit von der angenommenen zu unterscheiden und den wahren Menschen unter der Maske zu erkennen. Mit dieser Begabung und ihrem aktiven Phantasieleben kann sie beim Theater Karriere machen.

Die Fische-Geborene kann aber auch eine gute, liebevolle Ehefrau sein, denn sie verfügt über die wunderbare Gabe, die Menschen um sich herum glücklich zu machen. Sie bereitet ihnen ein schönes Heim, und sie liebt ihre Kinder, neigt aber dazu, sie allzusehr zu verwöhnen. Sie versteht auch sehr gut mit Kranken umzugehen; viele Fische-Frauen sind ausgezeichnete Ärztinnen und Pflegerinnen.

Leider treibt irgend etwas sie dazu, sich immer und immer wieder den falschen Mann auszusuchen. Manchmal scheint es fast, als wäre sie dazu bestimmt, in Herzensangelegenheiten immer wieder enttäuscht zu werden. Das kann für sie gefährlich sein, denn wegen ihrer seelischen Labilität ist sie langdauernden Spannungen und Pechsträhnen nicht gewachsen. Sie gerät leicht an den Rand eines Nervenzusammenbruchs.

Sie ist unpraktisch und hat wenig Verständnis für Geldfragen. Sie macht Geschenke, um sich die ersehnte Anerkennung zu kaufen. Pechvögel ziehen sie an, weil sie ihr Mitleid und ihre Hilfsbereitschaft spüren. Sie hilft jedem, der sie darum bittet, aber ihre Bemühungen müssen anerkannt werden. Bei ihr Nahestehenden legt sie hohe, oft unrealistische Maßstäbe an, und sie glaubt an ihre Freunde, bis absolut zwingende Umstände dieses restlose Vertrauen erschüttern.

Dann muß man sich vor ihr hüten, denn sie kann rachsüchtig werden.

Die Fische-Frau hat eine natürliche dramatische Begabung. Man kann sich darauf verlassen, daß sie sich richtig verhält, die richtigen Dinge sagt und die richtige Atmosphäre schafft.

Stimmen ihre Phantasien mit denen des Partners überein, kann die Beziehung wirklich stürmisch werden. Wenn sie erst einmal seine Vorlieben kennt, benutzt sie ihre Einbildungskraft, die Situation zu verzaubern und großartig auszubauen. Dabei kann Übersinnliches oder Autosuggestion mitspielen. Solchen Einflüssen ist sie sehr stark ausgesetzt. Sie steigert sich dann in eine erotische Leidenschaft hinein, die sie kaum mehr unter Kontrolle hat.

Der Fische-Mann ist nach Liebe süchtig

Der Fische-Mann ist leidenschaftlich, gefühlvoll und labil. Bei ihm muß man auf Unerwartetes gefaßt sein. Er wird von widersprüchlichen Impulsen hin und her gezerrt. Er ist ein widersprüchlicher Mensch, der sich für das eine entscheidet und das andere tut.

Da er ein ungewöhnliches Sensorium für seine Mitmenschen hat, übt er starke Anziehungskraft aus. Sein Wesen ist warm und empfänglich, und er sieht die Menschen nicht so, wie sie sind, sondern wie er sie sehen möchte. Am stärksten ziehen ihn sinnliche Frauen an, besonders wenn sie etwas Dominierendes haben. Er idealisiert den Menschen, den er liebt, und er drückt beim schlimmsten Benehmen die Augen zu, weil er in der Geliebten eine Frau sieht, die nichts verkehrt machen kann.

Da er fortwährend von Veränderung und Aufregung angelockt wird, ersehnt er nichts so sehr wie Gemütsstabilität. Er ist ein Träumer, der sich unmöglichen Träumen hingibt. Liebe muß nicht nur romantisch sein – Mondschein, Rosen und Lyrik –, sondern sollte auch Heim, Zufriedenheit und Geborgenheit bedeuten.

Allzuviel Treue kann man von ihm nicht erwarten. Das ist nicht seine Art. Dazu ist er zu empfänglich und zu leicht beeinflußbar. Eine Zeitlang wird er sich einreden, daß der andere weiß, was für ihn richtig ist, und seinen Kurs danach ausrichten. Dann aber schlägt sein Gefühlskompaß stürmisch in Richtung eines anderen magnetischen Pols aus.

Wie kann man mit einem Mann leben, der so sehr dem Augenblick lebt? Man muß besonders sensibel für das schnellwechselnde, flüchtige Spiel seiner Gefühle sein und vor allem bereit, ihn den festigenden Einfluß bedingungsloser Liebe spüren zu lassen. Für ihn ist Liebe das weite, endlose Firmament; man muß sie zum Dach über seinem Kopf machen. Wenn man ihm Stabilität bietet, kann man damit rechnen, ihn zurückzubekommen. Er braucht sie in seinem Leben.

Er ist jedoch kein perfekter Heiratskandidat. Wenn eine Frau es fertigbringt, ihn zum Altar zu schleppen, wird sein schweifendes Auge wahrscheinlich früher oder später auch mal auf eine andere fallen. Für ihn ist Liebesromantik eine Drehtür, die auf der einen Seite zum Standesamt und auf der andern zum Scheidungsrichter führt. Ehegelübde respektiert er nicht, weder bei sich noch bei Frauen, die er anziehend findet.

Er ist sinnlich, intelligent, ungewöhnlich schöpferisch. Ein wunderbarer Weggenosse, für den alles erstklassig sein muß. Er verschwendet das Geld, denkt nicht an morgen und berechnet nie die Kosten. Er überschüttet seine Geliebte mit teuren Geschenken.

Da er so leicht zu beeinflussen ist, übernimmt er ohne weiteres anderer Leute Einstellungen und Gewohnheiten. Wenn es nette Menschen sind, ist er auch nett. Wenn sie trinken, trinkt er mit.

Wenn seine Sonne in den Fischen gute Aspekte hat, zeigt er alle Vorteile seines empfindsamen Tierkreiszeichens. Er kann idealistisch, aufopfernd, bezaubernd sein.

Seine schöpferische Begabung kommt ihm als Künstler oder Schriftsteller zugute, aber er ist kein sehr tüchtiger Geschäftsmann. Teils liegt es daran, daß er am liebsten allein arbeitet, teils daran, daß er angestrengte Arbeit nicht mag. Will man ihn dazu bringen, etwas zu leisten, muß man es ihm bewußt schwermachen. Denn er schlägt instinktiv immer den leichtesten Weg ein. Es fehlen ihm das praktische Denken, das Organisationstalent und die Dynamik des Erfolgsmenschen. Am besten ist für ihn ein Posten, auf dem er schöpferisch tätig sein kann, etwa als Werbefachmann, oder wo Ideen wichtiger sind als die Ausführung. Er verliert sich lieber in Reflexionen, als aktiv zu sein. Er ist ein saumseliger Zauderer, der sich einfach nicht aufraffen kann.

Er ist zwar wortgewandt, kann aber das Kind nicht beim Namen nennen. Er benutzt seine Wortgewandtheit zur Vermeidung einer klaren, eindeutigen Aussage. Er wird kaum ausfällig, aber seine Umgebung weiß selten, woran sie mit ihm ist. Er läßt sich so schwer fassen wie ein glitschiger Fisch. Irgendwann wird man schließlich die Ursache dafür erkennen: Er hat keine eigenen Überzeugungen, keine feste Gesinnung. Er hört scheinbar mit echtem Interesse und großer Aufmerksamkeit zu, doch in Wirklichkeit weilt er mit seinen Gedanken ganz woanders, oder er träumt einfach vor sich hin. Zu merken ist das nicht, weil er es glänzend versteht, sich zu verstellen. Er kann so tun, als hörte er viel besser zu als andere, die wirklich zuhören.

Im Grunde fehlt es ihm an Selbstvertrauen, und er braucht von anderen Unterstützung wie Wasser aus einer Quelle.

So fängt man's an

Im Mittelpunkt – dort ist sein wahres «Element»

Fische-Geborene sind im Mittelpunkt gesellschaftlicher Anlässe zu finden, gewöhnlich umringt von Verehrern. Ihre charmanten Umgangsformen und ihr flexibles, gutmütiges Wesen ziehen die Menschen an. Werden sie jedoch nicht bewundert, sitzen sie wahrscheinlich schmollend in einem Winkel.

Ein gutes Gesprächsthema bieten Theater, Kino, Fernsehen und ähnliche Zerstreuungen. Das fesselt die Fische sofort, denn sie alle – welchen Beruf sie auch ausüben mögen – wären gern Schauspieler, Schriftsteller oder Tänzer. Auch auf ein Gespräch über Übersinnliches werden sie voller Interesse eingehen. Viele Fische glauben an Reinkarnation. Zumindest sprechen sie gern darüber.

Ist der Anfang einmal gemacht, muß man die Gesprächsführung unbedingt den Fischen überlassen. Man kann ruhig zugeben, vom Thema nichts zu verstehen; denn Fische belehren nur zu gern. Sie fühlen sich dann in ihrem Element.

Das erste Treffen? Man schlage ein Lokal vor, wo getanzt wird. Fische tanzen sehr gern. Oder man kommt ihrem Interesse fürs Okkulte entgegen und schlägt eine spiritistische Sitzung vor. Was man mit ihnen auch unternimmt, man muß jede Gelegenheit wahrnehmen, ihnen ein Kompliment zu machen. Sie brauchen Bestätigung.

Mit Alkohol muß man vorsichtig sein. Der Fisch verträgt ihn oft nicht. Zwar braucht er viel Flüssigkeit – alles, vom eiskalten Wasser bis zu heißem Tee –, aber Alkoholika sind für ihn gefährlich. Fische-Geborene stellen den höchsten Prozentsatz an Alkoholikern.

Sie haben auch einen gefährlichen Hang zu falscher Ernährung, und man leistet ihnen einen Dienst, wenn man ihre Eßgewohnheiten überwacht. Sie sind von zarter Gesundheit, und man muß ihnen dabei helfen, sich vernünftig zu ernähren. Wenn man sie in dieser Beziehung berät und beeinflußt, stillt man gleichzeitig ihr geheimes Verlangen nach einem starken Beschützer und Ratgeber.

Was Geschenke betrifft, so sind Fische-Frauen für die Farben des Meeres besonders empfänglich: hellgrün, aquamarin und rauchblau. Halstücher oder Kleider in diesen Farben gefallen ihnen. Beim Fische-Mann versuche man es mit einer guten Biographie, einem Buch über das Okkulte, einem Gedichtband oder mit Shakespeare.

Für das Liebesnest ein Hinweis: Jegliche Badegelegenheit entzückt den Fisch, aber es muß dabei warm sein.

Heinrich Seidel

Höchst merkwürdiges Abenteuer eines Luftschiffers

Ich bin in ausgesprochenem Grade das, was man ein «Gewohnheitstier» nennt. So vergeht wohl kein Abend, daß ich nicht zwischen sechs und ein halb acht Uhr in einer Weinhandlung der Potsdamer Straße sitze, um Zeitungen zu lesen und meinen Schoppen Moselwein zu trinken. Um diese Zeit ist die beliebte Weinstube nicht stark besucht, man trifft dort dann nur wenige Leute von ähnlichen einsiedlerischen Neigungen oder eine bis zwei kleine Gruppen älterer Männer, die immer an denselben Tischen die Zeitläufte mit vieler Weisheit erörtern. Da sich dieser Besuch aber auf drei Zimmer und eine geräumige Veranda verteilt, so sitze ich, besonders in der warmen Jahreszeit, oft in dem von mir erwählten Raum mit meinen Zeitungen oder mit allerlei spintisierlichen Gedanken allein. Dies war wieder einmal längere Zeit der Fall gewesen, als sich ein Mann dorthin gewöhnte, der etwa in der Mitte der Fünfzigerjahre stand und allabendlich auf demselben Platz seinen Schoppen Leoville trank, ein wenig in den Zeitungen blätterte, und wenn er damit fertig war, eine Zigarre rauchend behaglich vor sich hin sah und langsam seinen Wein ausschlürfte. Nach einer Stunde bezahlte er und ging. Ein starkes Mitteilungsbedürfnis schien er ebenso wie ich nicht zu besitzen, denn niemals redete er mich oder jemand anders an, und außer daß wir uns seit einigen Wochen stummer Bekanntnschaft beim Gehen oder Kommen begrüßten, hatten wir keinen Verkehr miteinander.

Ich interessierte mich für diesen Mann seines Aussehens halber. Für sein Alter waren seine Bewegungen noch sehr jugendlich; es hatte den Anschein, als habe er die Kraft und Gewandtheit seines wohlgebauten Körpers durch unausgesetzte körperliche Übung immer frisch erhalten. Er trug noch sein volles Haar, ohne eine Spur von Grau, seine Gesichtszüge waren markig, über einem schönen blonden Schnurrbart stand eine etwas gebogene Nase, und seine grauen Augen hatten jenen festen, ruhigen Adlerblick, der nicht in Studierstuben gewonnen wird, sondern Leuten eigen ist, die sich mit allerlei Gefahren vertraut gemacht haben.

Der Mann mußte vieles erlebt haben, das sah man ihm an, und wenn meine Aufmerksamkeit sonst nicht abgezogen wurde, ertappte ich mich öfter darüber, daß ich nachgrübelte, welch ein Beruf ihm wohl eigen sein und welche Schicksale er wohl erlebt haben möchte.

Da geschah es eines Tages, am Ende des Juni, daß ausnahmsweise der Tisch, an den ich mich gewöhnt hatte, besetzt war von einer etwas lärmenden Gesellschaft junger Leute, die irgendein für sie erfreuliches Ereignis eifrig mit Wein begossen. Der einzige Platz, der außerdem gutes Licht zum Lesen darbot, fand sich an dem Tisch des Unbekannten diesem gerade gegenüber, und ich setzte mich nach gewohntem Gruß dorthin mit jenem stillen Groll, der einem von seinem gewohnten Ort vertriebenen Stammgast eigen ist. Der Unbekannte schien auch eben erst gekommen zu sein, denn er war mit dem Studium der Weinkarte beschäftigt, ausnahmsweise, wie ich hinzufügen muß, denn sonst brachte ihm der Kellner ungeheißen den gewohnten Schoppen. Nach einer Weile bestellte er eine Flasche Rauenthaler Auslese von ich weiß nicht mehr welchem berühmtem Jahrgang. «Ei, da geht's ja heute hoch her», dachte ich. Der Wein wurde gebracht, er drehte die Flasche eine Weile sorgfältig im Eiskübel herum, schenkte ein, hob das Glas gegen das Licht, nahm ein Schlückchen und ließ es, indem er Luft durch die gerundeten Lippen einzog, prüfend über die Zunge gleiten, trank noch einmal, nickte befriedigt und setzte das Glas vor sich hin. Ein gewisses Etwas in dem Benehmen des Mannes sagte mir, daß er sich heute in einer mitteilsamen Stimmung befände, und nachdem er sein Glas wohlgefällig geleert und wieder gefüllt hatte, redete ich ihn an.

«Ein köstlicher Tropfen!» sagte ich.

Er brummte beifällig, hielt auch dieses Glas gegen das Licht, erfreute sich eine Weile an dem goldklaren Schein seines Inhaltes und trank. Dann sagte er: «Ich versteige mich sonst nicht leicht so hoch, aber heut ist für mich ein kleiner Erinnerungstag. Heute vor zwanzig Jahren trank ich solchen Wein viertausend Meter über Berlin und erlebte dort ein sehr merkwürdiges Abenteuer.»

Ich muß ihn wohl etwas verblüfft angesehen haben, denn er lächelte und fügte erläuternd hinzu: «Ich war nämlich früher Luftschiffer, mein Herr.»

«Ach so», sagte ich etwas erleichtert, denn ich hatte schon geglaubt, es rapple ein wenig bei dem Fremden. Dieser fuhr fort: «Nach dem großen Krieg mit Frankreich kam bekanntlich die Luftschiffahrt sehr in Mode, und da ich durch einen Freund, mit dem ich oft aufgestiegen war, einige Vorkenntnisse in dem Fach hatte, so gab ich meinen Beruf als Turn- und Fechtlehrer einstweilen auf, baute mir den Riesenballon ‹Zaunkönig› und habe dann das Geschäft fünfzehn Jahre lang betrieben.»

«Warum Zaunkönig?» fragte ich. «Ein komischer Name für einen Riesenballon.»

«Nun, kennen Sie nicht das Märchen vom König der Vögel? Da flog doch der Zaunkönig bei dem großen Wettfliegen am höchsten, weil er sich in den Federn des Adlers versteckt hatte und erst anfing zu fliegen, als dieser nicht mehr weiterkonnte. Sie waren übrigens wohl in jener Zeit nicht in Berlin? Ich bin damals mit meinem Ballon ‹Zaunkönig› von der Hasenhaide aus wohl fünfzigmal aufgestiegen.»

«Ich befand mich damals in Berlin», erwiderte ich, «doch ist mir dies entgangen. Übrigens, wie war es mit dem Abenteuer?»

Ein merkwürdig feines und seltsames Lächeln kräuselte sich um den Mund des Fremden. «Disse Geschicht' is lögenhaft tau vertellen», sagte er, «wie es von dem Wettlauf zwischen dem ‹Swinegel› und dem Hasen heißt, und ich fürchte, Sie werden mir nicht glauben. Können Sie viel vertragen in dieser Hinsicht?»

»Das stärkste», erwiderte ich. «Ich arbeite selbst in dem Fach.»

«Nun gut, daraufhin will ich es wagen. Also, heute vor zwanzig Jahren war ein ganz ungewöhnlich stiller, sonniger Junitag, an dem sich kein Lüftchen rührte. Mein Freund, der alte Weinhändler Bötefür, meinte scherzweise, ich würde wohl heute auf denselben Fleck wieder herunterkommen, von dem ich aufgestiegen wäre. Er wußte aber ebensogut wie ich, daß, wenn unten auch vollkommene Windstille herrscht, in der oberen Luft doch immer eine gewisse Strömung geht. Ich hatte beschlossen, den günstigen Tag zu benützen, um einmal ganz besonders hoch aufzusteigen, und dies wurde dem zahlreich versammelten Publikum angekündigt, während Bötefür diese meine Absicht schon um Mittag von mir erfahren hatte. Der alte Herr nahm ein ganz besonderes Interesse an mir und meinen Fahrten und fehlte nie, wenn ich aufstieg. Damals kam er kurz vor der Abfahrt und brachte mir eine wohleingewickelte Flasche Wein. ‹Rauenthaler Auslese›, sagte er, ‹ich habe nur die eine Flasche noch von diesem köstlichen Jahrgang. Wenn Sie den höchsten Punkt erreicht haben, da trinken Sie ein Glas davon auf mein Wohl. Ich denke mir, das wird von ganz besonderer Wirkung sein, und ich kann dann sagen, mein Wohl ist schon in soundsoviel tausend Meter Höhe über dem Meeresspiegel getrunken worden!›

Ich lachte über den alten Kauz und legte die Flasche in die Gondel. Als ich aufstieg, rief er mir noch nach:

‹Nun, heute werden Sie wohl die Engel im Himmel zu sehen kriegen! Grüßen Sie Petrus von mir!›

Der Aufstieg ging bei dem stillen Wetter glatt und ruhig vonstatten.

Als der Auftrieb nachließ, löste ich langsam nacheinander die Schnüre der Sandsäcke, und während ihr Inhalt in taktmäßigen Pausen wie ein weißer Strahl in die Tiefe fuhr, stieg ich zu immer reineren Höhen auf. Das Geräusch der Welt war längst verstummt, unter mir lag Berlin, von seinem eigenen Dunst leicht verschleiert wie ein riesiges Spinnennetz, und die Eisenbahnzüge krochen wie kleine Raupen hinein und heraus. In der Tiefe kreiste ein Falke und warf mir zuweilen einen schnellen Flügelblitz zu. Trotzdem auch er im Steigen begriffen war, ward er doch bald zum Punkt und entschwand meinen Augen. So war ich eine ganze Weile gestiegen, als ich bemerkte, daß mein Ballast zu Ende ging. Eine Anzahl von Sandsäcken mußte ich mir für allerlei Möglichkeiten bei der Niederfahrt aufbewahren, auch hatte der zuerst noch schlaffe Ballon sich in der leichteren Luft ausgedehnt und war stramm gefüllt. Ich hatte die größte unter diesen Umständen mögliche Höhe erreicht. Mein Barometer zeigte gegen 4000 Meter an. Der Montblanc ist nur 800 Meter höher. Es war empfindlich kalt, mich fror ein wenig, und ein bißchen Schläfrigkeit kam über mich. Da fiel mir die mitgenommene Flasche in die Augen. Sie enthielt rheinischen Sonnenschein aus einem der heißesten Jahre dieses Jahrhunderts und konnte mir willkommene Erwärmung bringen. Ich wickelte die Flasche aus und fand, daß der vorsorgliche Weinhändler ein Trinkglas über den Hals gestülpt hatte. Dann öffnete ich sie. Nie in meinem Leben habe ich so etwas von Blume an einem Wein gespürt; ein so edles Getränk war noch nie über meine Lippen gekommen. Von Dankbarkeit gegen den Geber erfüllt, hob ich das Glas empor und rief: ‹Herr Johannes Bötefür ist ein edler Mann, er lebe hoch! Viertausend Meter hoch! Hurra!›

Dann trank ich behaglich ein Glas nach dem andern. Ich führe bei meinen Luftfahrten sonst nie alkoholische Getränke mit, daher war mir diese Kneiperei mitten in dem unendlichen Luftozean, wo ich als einsamer Punkt schwamm, ganz etwas Neues. Ich geriet in eine seltsam träumerische Stimmung und hatte allerlei Gesichte. So stellte ich mir zum Beispiel plötzlich vor, wie unzählige Menschen in und um Berlin zu mir emporschauten, und sah sie deutlich vor mir, eine blitzschnelle Reihenfolge von Gestalten, hübsche Mädchengesichter, die unter Blumenhüten hervorschauten, und Köpfe alter, schrumpliger Mütterchen, von Spitzenhauben eingerahmt, Sonnenbrüder, die, faul auf Bänke gerekelt, schnapsrote Nasen zu mir emporhoben und die Lippen zu faulen Witzen verzogen, einen einsamen Schäfer im Felde, auf seinen Stock gestützt, einen Feldjäger, der auf der Chaussee ritt, und so noch Unzähliges. Auch Herrn Bötefür sah ich. Er hatte den Kopf so weit in den Nacken gelegt, daß sein breiter weißer Bart horizontal stand; sein gutes, rundes, rötliches Weingesicht leuchtete wie die Sonne, die im Nebel aufgeht. Seine Lippen bildeten Worte; ich hörte sie zwar nicht, verstand dennoch aber ganz deutlich: ‹Grüßen Sie Petrus von mir!›

Aus solchen und ähnlichen wunderlichen Träumereien wurde ich aufgeschreckt, als ich plötzlich in dieser ungeheuren Einsamkeit des Luftmeeres Stimmengemurmel vernahm und dazwischen ein Jauchzen wie von munter spielenden Kindern. Verwundert sah ich nach den Seiten und endlich hinter mich. Wo war denn mit einemmal das mächtige Wolkengebirge hergekommen? Wie eine Felswand aufgetürmt aus mächtigen Ballen weißer Watte, stieg es aus der Tiefe empor, und als ich höher blickte, ward meine Verwunderung noch größer, denn oben wurde diese Wand gekrönt durch einen überaus prächtigen Palast von durchscheinendem Alabaster, dessen goldene Zierate in der Sonne blitzten. Auf den Wolken, die dieses schimmernde Gebäude umschwebten, bald es zum Teil verdeckten, bald mit neuem Glanz wieder hervortreten ließen, tummelte sich eine Unzahl von geflügelten Kindern.

Auf der breiten Freitreppe aber von weißem Marmor, die zu diesem Wunderbau hinführte, standen einige alte würdige Patriarchen und sahen unter verwunderten Ausrufen und Gesprächen auf meinen Ballon hin. Der ansehnlichste unter diesen trug einen langen weißen Bart und eine Stirnlocke in der Form einer Flamme, in der Hand hielt er einen großen goldenen Schlüssel. Da wußte ich mit einemmal, woran ich war, öffnete schnell einen Sandsack, wodurch der Ballon ein wenig stieg, und warf den Leuten ein Tau zu. Der eine der Patriarchen fing es auf, und nun ward mein Ballon herangezogen. Ich band ihn an einen goldenen Ring, der in das Mauerwerk eingelassen war, und stieg aus.

‹Na, hören Sie mal›, sagte der Mann mit der Stirnlocke, ‹auf die Art ist hier noch keiner angekommen.›

‹Habe ich die Ehre›, fragte ich, ‹Herrn Himmelspförtner Petrus vor mir zu sehen?›

‹Jawohl, mein Name ist Petrus›, erwiderte er. ‹Sie wünschen?›

‹Ich habe Ihnen einen schönen Gruß zu bestellen von Herrn Bötefür aus Berlin.›

‹Danke schön, obgleich ich Herrn Bötefür nicht kenne, hoffe aber sehr, später einmal seine werte Bekanntschaft zu machen. Was hat der Mann für ein Geschäft?›

‹Er ist Weinhändler.›

Da machte der gute alte Petrus ein bedenkliches Gesicht und kratzte sich hinter dem Ohr. ›Da sieht's windig aus mit der späteren Bekanntschaft›, sagte er. ‹Weinhändler kommen hier nur sehr selten her. Sie haben immer so kleine Geschäftsgeheimnisse, die ihnen hinderlich sind. Sie logieren meist eine Etage tiefer. Hören Sie mal, Niquet›, sagte er dann zu dem Alten, der das Tau aufgefangen hatte, ‹Sie sind ja aus Berlin und waren auch Weinhändler; wie steht es mit Bötefür?›

‹Es ist 'n ordentlicher Mann, Herr Oberpförtner›, antwortete dieser.

‹Na, dann wollen wir das Beste hoffen.›

Ich hatte mich unterdessen neugierig umgesehen, und da war mir eine wunderschöne Tür aufgefallen, von Elfenbein mit Gold beschlagen, die in das Innere dieses herrlichen Palastes zu führen schien. Hinter ihr ertönte eine wunderbare Musik, wie von Aeolsharfen in wechselnden Harmonien; bald schwollen die Töne gewaltig an, bald säuselten sie sanft, ‹dem Weste gleich, der über Veilchenbeete weht›.

‹Verehrter Herr Oberpförtner, da ich nun einmal hier bin, so erfüllen Sie mir einen sehnlichen Wunsch. Darf ich einen Blick tun auf das, was hinter jener Türe ist?›

Da wurde der alte Herr sehr ernst und runzelte die Stirn.

‹Lieber junger Mann›, sagte er, ‹das ist ein sehr vermessener Wunsch, denn irdische Augen ertragen nicht den vollen Glanz des himmlischen Lichtes; es würde sie vernichten. Schauen Sie her!›

Damit ging er an die Tür und schob nur die Klappe vom Schlüsselloch zurück. Da fuhr ein blendender Strahl heraus wie eine lange, scharfe Klinge von weißglühendem Eisen, daß ich entsetzt die Hände vor das Gesicht schlug und die Stufen hinabgetaumelt wäre, wenn der alte Niquet mich nicht gehalten hätte.

Petrus und die Patriarchen lächelten sanft, die kleinen Engel aber erhoben ein lautes Gekicher.

‹Erklären Sie uns lieber Ihr sonderbares Fahrzeug›, sagte Petrus dann, ‹das ist doch wohl ein sogenannter Luftballon?›

Ich war dazu gern bereit, stieg in die Gondel und erklärte dem alten Herrn alles, die Anwendung der Sandsäcke, die Füllung des Ballons, das Ablaßventil, meine Instrumente und die ganze Bauart des Luftschiffes. Unterdes kletterten die Engel in dem Tauwerk herum und tanzten auf der oberen Rundung; der Ballon wimmelte von ihnen, und sie umschwärmten ihn wie die Fliegen einen Honigtopf. ‹Kinder›, sagte ich, ‹daß mir keines von euch an der Ventilschnur zieht – dann gibt's 'n Unglück!›

Der alte Niquet hatte mit kundigem Auge die Weinflasche entdeckt. Er nahm sie und las die Aufschrift. ‹Eine gute Nummer – wenn's wahr ist›, meinte er.

‹Belieben Sie vielleicht zu kosten?› sagte ich.

Er schenkte sich ein und prüfte wie ein alter Kenner. Dann goß er den Rest, der noch in der Flasche war, in das Glas und bot es Petrus dar.

‹Wie wär's, Herr Oberpförtner, das ist wirklich Nummer eins.›

Petrus machte ein wunderliches Gesicht, er schien nicht

recht zu wissen, ob es sich auch für ihn passe. ‹Seit achtzehnhundert Jahren hab ich keinen Wein mehr probiert›, sagte er dann; ‹nun, der Wissenschaft halber möcht' ich's wohl riskieren.› Dann sog er wohlgefällig den herrlichen Duft ein und trank mit Gefühl in kleinen Schlückchen das Glas leer. Seine Züge hatten sich verklärt.

‹In manchen Dingen ist die Welt doch fortgeschritten›, sagte er, ‹so etwas kannte man zu meiner Zeit noch nicht.›

‹Der Wein ist von Bötefür›, sagte ich darauf mit Beflissenheit.

‹Ich denke›, antwortete er, ‹ich habe doch noch Aussicht, den Mann kennenzulernen. Wer solchen Wein in seinem Keller hat, kann kein schlechter Mensch sein.›

Während wir nun so miteinander diskutierten, hörte ich plötzlich ein Geschrei, das ich nicht verstand; ich hatte aber das Gefühl, es ginge mich an.

‹Wer schreit denn hier so?› fragte ich.

‹Hier schreit niemand›, sagte Petrus, ‹hier wird überhaupt nie geschrien.›

Diese Antwort kam aber wie aus weiter Ferne, und ich sah niemand mehr: Petrus, die Patriarchen, die Engel, das schöne Schloß und alles war verschwunden. Ich riß die Augen auf und bemerkte ringsum nichts als die leere Luft. Das Geschrei aber dauerte fort. Ich blickte über Bord und sah Wasser unter mir mit Kähnen, auf denen Leute saßen und mir zuschrien. Der Ballon sank und war nur noch höchstens hundert Meter über dem großen Müggelsee. Wie der Blitz stürzte ich zu und zog die Schnüre an den letzten Sandsäcken. Das half, der Ballon hielt sich eine Zeitlang in gleicher Höhe und segelte dann langsam sinkend, von einem leisen Luftzug getrieben, dem Ufer zu. Mit knapper Not entging ich dem Wasser und kam auf einer Wiese bei Rahnsdorf, mit Hilfe hinzueilender Leute, glücklich ans Land. Noch am selbigen Abend war ich wieder in Berlin und konnte meinem Freund Bötefür dies höchst merkwürdige Abenteuer erzählen und ihm Glück wünschen dazu, daß er sich für die Zukunft da oben einen so guten Freund erworben habe.»

Der fremde Herr hatte während der Erzählung seinen Wein nicht vergessen, und die Flasche war unterdes leer geworden. Die Bezahlung hatte er im Laufe des Gespräches, als gerade der Kellner vorüberkam, ebenfalls abgemacht, und kaum hatte er das letzte Wort hinter sich, als er sich erhob und nach Stock und Hut griff. «Ja, es passieren die wunderlichsten Geschichten», sagte er, «man sollt' es kaum für möglich halten. Ich habe die Ehre, mein Herr.»

Und fort war er.

Ich sah ihm etwas verblüfft und nicht ganz befriedigt nach. Über einige dunkle Punkte in dieser Geschichte hätte ich ihn gern um Aufklärung gebeten. Ich vertröstete mich auf den nächsten Tag, allein er kam nicht, während er doch sonst sich so regelmäßig einfand. Er ist seitdem überhaupt nie wieder in diese Weinstube gekommen, und die dunklen Punkte werden für mich wohl ewig dunkel bleiben. Vielleicht geht er jetzt wieder zu Bötefür. Längst schon hätte ich ihn dort aufgesucht, aber im Adreßbuch ist ein Weinhändler dieses Namens nicht zu finden. Er wird am Ende schon bei Petrus sein.

Beruf als innere Berufung

Wenn der Fische-Typ einen Beruf wählen soll, äußert er sich oft unentschlossen und unsicher, manchmal sogar ratlos. Er droht den Einflüssen seiner Umgebung zu erliegen, holt sich bei jedermann Rat und wählt schließlich ganz anders.

Entscheidet nicht innere Berufung, so fällt die Wahl schwer; dann besteht die Gefahr, daß er den falschen Weg einschlägt.

Oft fühlt er sich von zwei verschiedenen Berufen zugleich angezogen. Man sollte ihm daher die Möglichkeit bieten, beide zu erproben, bis er sich schließlich eindeutig für den einen entschließt, und seine Wahl später nicht bereuen muß.

Er könnte sonst wahrscheinlich in späteren Jahren ein Bedauern, doch den falschen Beruf gewählt zu haben, nie mehr loswerden.

Ihn fesselt mancherlei. Er bedarf denn auch einer abwechslungsreichen Tätigkeit, die Phantasie und Einfühlung von ihm erfordert und die menschliche Seite, Hilfe und Fürsorge, zur Geltung bringt.

Nachstehend eine sehr unvollständige Liste der Berufe, die dem reinen Charakter des Fische-Typs am ehesten entsprechen:

Berufliche Einordnung

Neigungen:
Gemeinschaftssinn, philanthropisches Wirken

Funktionen:
dienen, helfen, aufopfern

Objekte:
Gewässer, Getränke, Erdöl, Gas, Tabak, seltene und besondere Substanzen

Handlungen:
helfen, retten, heilen, pflegen, beschützen, zur See fahren, das Grenzenlose erforschen, das einfache Leben

Orte:
Spitäler, Asyle, Hospize, Laboratorien, Klöster, Gefängnisse, Trinkerheilanstalten, Besserungsheime, Rettungsstationen; Meere, Häfen

Möglichkeiten:
a) Fischerei, Seefahrt, Schiffsbau
b) Krankenpfleger, Krankenschwester, Arzt, Gefängniswärter
c) Meeresforscher, Meinungsforscher, Astronom

Das liebe Geld

Der Fisch verlangt nicht viel

Abgesehen vom niederen Fische-Typ – dessen Verachtung des Geldes nur eine Ausflucht ist, um sich vor Arbeit und Kampf zu drücken –, ist anzuerkennen, daß der Fische-Typ im allgemeinen das «Gelddienen» nicht zu seiner Lebensaufgabe erhebt. Er verlangt weder nach Macht noch nach Vermögen – er ist nicht dafür geschaffen.

Aber auch hier gibt es Ausnahmen. Im Zeichen der Fische stehen große Industrielle: der Automagnat Emil Mathies, der Börsenmakler Alfred Löwenstein und der «Zündholzkönig» Ivar Kreuger.

Alle Fische-Typen besitzen den dunklen Drang nach Ausweitung und Maßlosigkeit, und dieser ist auch auf dem Gebiet des Besitzes und der Vermögenswerte durchaus zu befriedigen. In diesem Zeichen stehen nicht selten Spekulanten, die durch betrügerische Machenschaften Riesensummen gewinnen und dann alles wieder verlieren, weil sie auf Sand bauen.

«Goldrausch» in einem Zeichen, das auf materielle Bedürfnislosigkeit eingestellt ist, bedeutet in Tat und Wahrheit ein Schwimmen gegen den Strom. Es sei denn, man wolle selbstlos andern helfen. Doch ist es nicht klüger, wenn dieser Typ frühzeitig auf Wundererwartungen verzichtet und sich vielmehr, seinen Fähigkeiten gemäß, eine Stellung verschafft, die es ihm erlaubt, auf geistiger Ebene zu wirken, die seiner Natur viel eher gerecht wird?

Der Fisch als Chef – Ein Menschenkenner

Eine Unterhaltung über einen typischen Fische-Vorgesetzten in einem Büro: «Wie heißt der neue Direktor, den die Firma letzte Woche angestellt hat?»

«Meinst du den, mit dem wir gestern in der Frühstückspause zusammengesessen haben?»

«Nein, den, der heute wieder gegangen ist.»

Leicht übertrieben ist dies ungefähr die Zeitspanne, die ein durchschnittlicher Fisch in einer leitenden Position ausharren kann. Es gibt eine begrenzte Anzahl von Strömen, in denen Fische-Chefs schwimmen können, und wir werden uns darauf konzentrieren. In den meisten Geschäftszweigen und Industrien ist ein Fische-Chef so selten wie ein Badeanzug am Nordpol. Die große Mehrzahl der Neptun-Menschen zieht es vor, allein zu schwimmen – ungebunden –, als Schriftsteller, Vertreter, Schauspieler, Maler, Musiker, Artist oder Glücksritter.

Es gibt jedoch ein paar Gebiete, auf denen er seine Talente anwenden und ein unersetzlicher Chef werden kann. Er eignet sich bestens für Radio und Fernsehen und alle Werbeorganisationen. Hier kann er überall seine schöpferische Phantasie einsetzen. Die Fische sehen keinen Grund dafür, die einfache und oft brutale Wahrheit hinauszuposaunen. Anders als Zwillinge, Schütze und Skorpion, sagte der Fisch den Leuten lieber das, was seiner Meinung nach letzten Endes die größere Wirkung auf sie haben wird oder was sie hören wollen. Nicht daß er unehrlich ist. Er hat aus langer, bitterer Erfahrung gelernt, daß die Leute gar nicht unbedingt die Wahrheit hören wollen, sondern daß es ihnen lieber ist, wenn die nackten Tatsachen etwas verbrämt werden.

Der Fische-Mann ist ein ausgezeichneter Theater- und Filmregisseur, auch ein tüchtiger Produzent (wenn er einen guten Geschäftsführer hat). Als Leiter eines Tanzstudios ist er am Platze, und wenn er einem Detektiv- oder Auskunfstbüro vorsteht, so wird ihm seine unheimliche Fähigkeit, Geheimnisse zu durchdringen, sehr nützlich sein. Viele Reisebüros haben Fische-Vorgesetzte, und sie sind meist sehr erfolgreich. Oft findet man diese Menschen auch als Direktoren karitativer Unternehmungen. Viele Fische leiten Orchester oder Kapellen und achten auf pünktliche Einhaltung der Proben. Sie sind unübertroffen als Hoteldirektoren (wenn ein guter Buchhalter vorhanden ist). Sie können einen fortschrittlichen Verlag, eine Zeitschrift oder eine Zeitung fachkundig und sogar glänzend führen. Sie werden den Fisch oft als Leiter irgendeines Kundendienstunternehmens finden. Auch eine offizielle Stellung in der Kirche kann er einnehmen. Aber das ist auch so ungefähr alles, abgesehen von Lehrberufen und einigen Verwaltungsämtern an Universitäten. Die Fische sind nun einmal nicht die geborenen Chefs.

Der Fisch soll der Menschheit dienen, nicht Macht anhäufen oder riesige Reiche aufbauen. Er kann ein tüchtiger und verläßlicher Makler und gewandter Kaufmann sein, aber er wird so gut wie nie ein Maklerbüro übernehmen. Zuviel Verantwortung. Der Fisch kann jedoch, dank seines ausgezeichneten Verstandes und seines manchmal unheimlichen Sinns für Zahlen, Freude daran haben, mit steigenden und fallenden Aktien zu jonglieren. Aber das ist mehr Spiel für ihn als tatsächliche Arbeit.

Ist Ihr Chef im März geboren, so benimmt er sich vielleicht wie ein Brummbär, wenn ihn etwas geärgert hat. Er kann reden, und seine Schroffheit mag manchmal weh tun, aber er wird selten herrschsüchtig, boshaft und kleinlich sein. Jetzt schockiert er Sie vielleicht mit seinen revolutionären Ideen, und gleich darauf ändert er seinen Standpunkt auf zweifelhafte Art und ist so konventionell, wie man es sich nur vorstellen kann. Sie werden schließlich merken, daß er weder ein großer Liberaler noch ein vorsichtiger Konservativer ist. Er kann bei verschiedenen Gelegenheiten jeden nur möglichen Standpunkt einnehmen, um Ihre Ansicht zu ergründen. Er kann, mit anderen Worten, etwas raffiniert sein. Wenn er Ihre Ideen und Ihre Unterhaltung interessant findet, wird Ihnen Ihr Fische-Chef schweigend und ernsthaft mit schmeichelhafter Konzentration zuhören und Ihnen vielleicht sogar ein Glas Wein anbieten, um die richtige Atmosphäre zu schaffen. Wenn er jedoch das, was Sie sagen, langweilig findet, werden seine Gedanken wandern. Dann wird er alles mögliche denken, während Sie sprechen, und dabei ein starres Lächeln aufsetzen. Da jeder Fisch ein geborener Schauspieler ist, werden Sie überzeugt sein, daß er aufmerksam zuhört. Nach einer gewissen Zeit wird er jedoch seiner Träumerei müde, stellt fest, daß Sie immer noch plappern, und unterbricht Sie plötzlich. Dann wird er sprechen, und Sie müssen zuhören – manchmal stundenlang.

Er ist wahrscheinlich weit gereist, und sollte er es nicht sein, wird er es bald nachholen. Wie der Schütze- und Zwillinge-Chef wird der Fische-Chef einen gepackten Koffer hinter der Couch in seinem Büro stehen haben. Nein? Warum schlagen Sie es ihm dann nicht vor? Er wird die Idee großartig finden. Außerdem kann ihm der Gedanke an den gepackten Koffer an regnerischen Tagen oder mitten im grauen Winter, wenn er vor Langeweile am liebsten aus dem Fenster springen möchte, einen seltsamen Trost geben. Er wird seine Drepressionen haben, und dann ist es nicht einfach mit ihm. Halten Sie sich in solchen Zeiten lieber abseits, summen Sie eine fröhliche Melodie, während Sie arbeiten, und vergessen Sie nicht, ihm seinen Glühwein zu servieren.

Der Fische-Vorgesetzte hat eine Vorliebe für die schöpferischen Denker in der Firma. Wenn Sie mehr zu Vorsicht als zu Einfallsreichtum neigen, gibt es schlimmstenfalls weniger Gläser Wein und seltener ein kameradschaftliches Lächeln, aber Sie werden sicher nicht hinausgeworfen. An den anderen hat er wahrscheinlich mehr Freude, aber er braucht Sie. Er stützt sich auf Ihre praktische Erfahrung und Ihr Organisationstalent. Der bevorzugte, originelle Angestellte kann samt all seiner glänzenden Ideen elend Schiffbruch erleiden, wenn die Firma Sparmaßnahmen einführt und der Fische-Chef ihn sanft fallenläßt, während er den beharrlichen, verläßlichen, etwas uninteressanten Angestellten auf der Lohnliste behält. Der Fisch wird betrübt Lebewohl sagen, aber er ist ein gewiegter Kenner der menschlichen Natur, einschließlich seiner eigenen. Obwohl er an der Gesellschaft und an den Ideen des phantasievollen Angestellten Gefallen findet, funktioniert seine eigene schöpferische Tätigkeit doch reibungsloser, wenn er die sorgfältige Planung und die Disziplin der alten, grauhaarigen, klugen Männer im Rücken hat, selbst wenn sie jung, blond oder brünett sind. Besonnenheit und Konservatismus gehören nicht zu seinen größten Vorzügen, und er ist sich dieses Mangels voll bewußt. Einen anderen wagemutigen, enthusiastischen Träumer kann er immer finden, wenn die Geschäfte florieren, sinkt der Umsatz aber, kann er ohne die Leute, die immer das

Richtige tun, nicht auskommen. Natürlich gibt es immer Ausnahmen, aber es kann nichts schaden, wenn Sie Ihren Fische-Chef wissen lassen, daß Sie sowohl ernsthaft als auch originell sein können.

Sie haben wahrscheinlich schon entdeckt, daß er einen Steinbock oder Stier als Mittelsmann eingesetzt hat, der sich mit den Angestellten befaßt, die eine Lohnerhöhung fordern. Aus gutem Grund läßt er Sie nicht an sich persönlich heran. Den von Neptun beherrschten Menschen ist es geradezu unmöglich, nein zu einem Mitmenschen zu sagen, der in ernsthafter Bedrängnis ist oder sogar nur einen ernsthaften Wunsch hat. Er lernt frühzeitig, sich so gut wie möglich abzuschirmen.

Denken Sie daran, er lebt in zwei verschiedenen Welten. Das kann zur Verwirrung, aber auch zu Genialität führen. Seine Gedanken sind vielleicht so abstrakt und tief wie die des Fisches Einstein, der einmal sagte: «Gott würfelt nicht.» Einstein meinte, daß das Gesetz der mathematischen Wahrscheinlichkeit nicht unbedingt heilig sein müsse. Ihr Neptun-Chef fühlt genauso, wenn es um allgemein anerkannte Geschäftsverfahren geht, und die Zeit bringt den Beweis, daß sein erster Instinkt richtig war, wie verstiegen er sich auch angehört hat. Im Herzen ist dieser Mann ein Mystiker, und er glaubt im geheimen an das Unsichtbare und das Übernatürliche, wenn er sich dessen auch etwas schämt. Er fürchtet die Lächerlichkeit, deshalb behält er seine Gedanken lieber für sich. Aber die Menschen entdecken sie doch, wenn er auch noch so klug die Rolle des robusten Realisten spielt.

Denken Sie noch an die Zeit, als Sie von Ihrem Verlobten verlassen wurden, der Ihren Ring und all Ihre Träume mitnahm und Sie mit gebrochenem Herzen zurückließ? Ihr Fische-Chef lud Sie damals zum Essen ein, machte Ihnen die nettesten Komplimente und ging dann mit Ihnen ins Theater. Nachher stellte er Sie hinter der Bühne der Hauptdarstellerin vor und gab für die ganze Gesellschaft später ein Essen. Darüber vergaßen Sie Ihren treulosen Verlobten vollkommen. Obwohl Ihr Fische-Chef manchmal absichtlich rauh war, um nicht durchschaut zu werden, fand er noch wochenlang später Möglichkeiten, Sie aufzuheitern, bis der Schmerz allmählich verschwand. Sie hatten niemandem im Büro von dem Bruch erzählt. Woher wußte er, daß Sie in dieser trüben Zeit Hilfe brauchten? Die Zigeunerin, die ihm einmal aus der Hand gelesen hat, könnte es Ihnen sagen. Sie sah sofort, daß er eine seltene Linie in der Handfläche hat. Sie besagt, daß er tiefes Mitleid empfinden kann. Es gibt nicht viele solche Menschen. Deshalb ist er ein seltener Chef.

Stets die rechte Hand: Der Fisch als Angestellter

Die Fähigkeiten eines Fische-Angestellten hängen ganz davon ab, in welchem Teich er schwimmt. In einem Beruf oder einer Beschäftigung, die nicht zu ihm paßt, kann er ein unglücklicher Einzelgänger sein. Dann treibt es ihn von einer Stelle zur anderen, bis er schließlich zu der Überzeugung gelangt, daß es besser für ihn sei, selbständig zu arbeiten und nur seine Träume als Gesellschaft zu haben.

Der Fisch kann nur erfolgreich mit anderen Menschen zusammenarbeiten, wenn dabei seine Empfindsamkeit nicht verletzt wird. Er muß eine Stellung haben, die ihm die Möglichkeit bietet, sein tiefes Verständnis für menschliches Leid anzuwenden oder seine einmalige Phantasie fördernd einzusetzen. Wenn ihm das verwehrt wird, zeigt er sich faul, uninteressiert und resigniert. Sind diese Voraussetzungen jedoch erfüllt, so ist er oft einzigartig auf seinem Gebiet und schwer zu ersetzen. Der Fisch überrascht durch seine gewissenhafte Beobachtung scheinbar unbedeutender Einzelheiten. Der von Neptun beherrschte Mensch vereint die Eigenschaften aller anderen Sonnenzeichen in sich. Er kann der «Mülleimer des Tierkreises» sein, wie es in der Astrologie oft heißt, oder zu höchsten Höhen emporsteigen. Diese Höhen müssen nicht unbedingt in den Sternen liegen. Sie können sich mitten in

Ihrem Büro befinden, wenn der Fisch glücklich und zufrieden bei seiner Arbeit ist.

Häufig hört man im Büro über den Fische-Angestellten: «Ich verstehe ihn nicht. Was hat er vor?» Man wird es vielleicht nie wissen. Die Fische sind, möglicherweise auf Grund innerer Zweifel, gezwungen, ihre Motive zu verschleiern und ihre wirklichen Ziele zu verbergen. Würde der Fisch seine wahre Natur zeigen, wären die meisten Leute erschreckt oder schockiert, also schweigt er lieber. Sein gelegentliches Geschwätz ist irreführend. Er wird nicht sagen, was er wirklich denkt, selbst wenn er die ganze Nacht reden sollte, was manche fertigbringen. Niemand kann wissen, was in diesen verträumten Neptun-Köpfen vor sich geht.

Der Fische-Angestellte wird außerordentlich pflichtbewußt sein, wenn seine Arbeit ihm Freude macht. Ist das nicht der Fall, zieht er sich zurück. Nur sein Körper ist da. Schließlich wird auch der verschwinden, und nur die Erinnerung an sein Lächeln und seine weisen Augen wird bleiben. Es ist nicht einfach, diesen schwierigen Mitarbeiter zufriedenzustellen. Wenn das Wasser abgestanden ist, schwimmt er davon, bevor Sie Gelegenheit hatten, es auszuwechseln. Wenn er seine wahren Wünsche offener darlegen würde, könnte ein Kompromiß möglich sein, aber zu oft zieht der Fisch plötzliche Veränderungen einer langen, ehrlichen Diskussion vor.

Zweifellos findet man die Fische häufig in der Welt der Kunst, wobei dieser Begriff allerdings weiter gefaßt ist als allgemein üblich. Der Fisch ist glücklich als Beleuchter im Theater, Faktotum im Museum, bei der Herstellung von Puppenkleidern, dem Polieren der Blasinstrumente oder dem Entwurf für den Schutzumschlag eines Buches. Er oder sie kann Stunden damit verbringen, kleinen Kindern das Tanzen beizubringen, Ballons für eine Gesellschaft aufzublasen, Blumen zu arrangieren, einen Plakat-Werbefeldzug zu organisieren oder ungewöhnliche Frisuren auszuprobieren. Hin und wieder werden Sie einen Fisch in einem technischen oder mechanischen Beruf finden, wo er mit Mathematik, Maschinen- oder Computerbau zu tun hat, aber er wird sich mit diesen Dingen immer von der abstrakten Seite her beschäftigen.

Fische-Menschen sind ausgezeichnete Lehrer. Sie haben eine ungewöhnliche Einsicht in die Charaktere ihrer Schüler und ein tiefes Verständnis für das Fach, das sie unterrichten. Sie scheinen auch eine besondere Begabung zur Herstellung und zum Verkauf von Nahrungsmitteln zu haben, sie servieren oft in Luxusrestaurants oder beaufsichtigen das Personal.

Wenn Sie sich mit Medizin, Krankenhäusern oder Pharmazeutika befassen, ist der Fische-Angestellte wahrscheinlich Ihre rechte Hand. Diese Menschen stellen die besten Krankenschwestern und Pfleger. Auch mit Drogen und Arzneimitteln kennen sich die Fische aus. Unglücklicherweise neigen sie jedoch dazu, sich von ihrer Umgebung zu sehr beeinflussen zu lassen, und das kann gelegentlich unangenehme Wirkungen auf ihre geistige, körperliche und seelische Gesundheit haben. Wenn die Fische ihr spontanes Einfühlungsvermögen zu beherrschen wissen, können sie im Gesundheitswesen unendlich viel leisten. Es versteht sich von selbst, daß Sozialarbeit ebenfalls zu den Fische-Berufen gehört.

Der Fisch nimmt die Farbe seiner Umgebung an. Wenn Sie Ihren Fische-Angestellten in ein kleines Loch mit eintönigen Möbeln, kahlem Boden und vorhanglosen Fenstern einsperren, so wird er bald ebenso trostlos aussehen. Seine Unterhaltung wird langweilig sein und seine Ideen dürftig und fad. Wenn Sie sich dieses lustlose, unscheinbare, farblose Wesen betrachten, werden Sie sich fragen, was mit dem Menschen, den Sie damals angestellt haben, geschehen ist. Er war gescheit und heiter und hatte originelle Einfälle. Glauben Sie mir, die neptunische Verwandlung ist leichter zu erreichen als die Lösung anderer Personalprobleme. Hängen Sie einen grünen Vorhang in das Büro, bedecken Sie den Fußboden mit einem weichen, smaragdgrünen Teppich und stellen Sie eine Vase mit Blumen auf den Tisch. Dann lächeln Sie Ihren Fische-Angestellten pünktlich einmal in der Stunde an, und seine ursprünglichen Farben werden wieder zum Vorschein kommen. Die Persönlichkeit der Fische ist schwer zu fassen, aber sie läßt sich erstaunlich leicht einfangen, wenn man den richtigen Köder benutzt.

Ihre Fische-Sekretärin mag zu Hause etwas liederlich sein, aber im Büro ist sie wahrscheinlich ordentlich. Ihren Träumen wird sie zu Hause nachhängen und versuchen, während der Arbeitszeit methodisch vorzugehen. Ich hatte eine Fische-Kollegin, die das eigenartigste Ablagesystem hatte, das man sich vorstellen kann. Eines Tages fragte der Chef sie, warum die Schublade mit dem Buchstaben B so vollgestopft sei und immer gegen sein Schienbein stoße. «Wegen all der Briefe», informierte sie ihn geflissentlich. Um den Fischen gerecht zu werden, muß ich allerdings sagen, daß sie einen Schütze-Aszendenten und einen Wassermann-Mond hatte, die, wenn sie zusammenkommen, zu leichter Verrücktheit führen können.

Die durchschnittliche Fische-Frau wird jedoch etwas konventioneller sein. Sie ist freundlich und rücksichtsvoll und versteht sich großartig mit ihren Mitarbeitern. Es kann sogar sein, daß die übrigen Angestellten mit ihren Nöten, den größeren und kleineren, zu ihr kommen und bei ihr das Herz ausschütten. Diese Frau legt vielleicht zum Spaß auch Karten (wer weiß, ob sie es nicht doch ernst nimmt), und todsicher kann sie Ihre Gedanken lesen

– also passen Sie auf, was Sie denken, wenn Sie an ihrem Schreibtisch vorbeigehen.

Gelegentlich können Fische-Angestellte auch sehr genau und kritisch sein, gewöhnlich sind sie jedoch nicht energisch genug, um wirklichen Ärger zu machen. Diese Menschen brauchen beinahe soviel Lob wie Widder und Löwe, um sich sicher zu fühlen, aber es muß ernst gemeint sein. Mit Heuchelei kommt man bei ihnen nicht weit. Wenn Sie Grund haben, einen Fisch zu tadeln, so fragen Sie sich hinterher vielleicht, wohin er seit ein oder zwei Tagen verschwunden ist. Er ist nicht gegangen. Noch nicht. Da sitzt er an seinem Schreibtisch, versteckt sich hinter dem Korb mit der ausgehenden Post und versucht sich unsichtbar zu machen, indem er nicht spricht, keine Bewegung macht und kaum atmet. Er ist verletzt, und Sie müssen sehr nett zu ihm sein, damit er wieder strahlt. Der Fisch ist überempfindlich, wie Sie wissen. Wenn Ihre Stimmung sich ändert, so ändert sich auch seine. Wenn es grau oder schwarz wird, taucht er unter, um zu entfliehen. Ein gedankenloses Wort kann zur Folge haben, daß er innerlich weint, obwohl er gerade einen Witz reißt. Fische verlieren selten den Humor.

Geld wird Ihrem Fische-Angestellten nicht allzuviel bedeuten. Er wird ein gutes Gehalt gern annehmen, aber er wird es kaum bemerken, wenn er vorübergehend einmal weniger bekommt, weil die Geschäfte schlechtgehen (falls er nicht eine große Familie ernähren muß). Viele Fische sind mit einem angemessenen Gehalt zufrieden, wenn Sie mit Vorschüssen großzügig sind. Der Fisch wird oft mit leeren Taschen und einem breiten Lächeln kurz vor dem Zahltag zu Ihnen kommen und Sie freundlichst um eine kleine Summe bitten. Möglich, daß er vergißt, sie zurückzuzahlen, wenn Sie ihn nicht erinnern. Seine Absichten sind ehrlich, aber es gibt eben so viele Dinge, die er braucht. Ebensogut kann er auch einem anderen geholfen haben. Das Geld läuft dem Fisch durch die Hände wie Wasser durch ein Sieb. Er borgt sich einen Hunderter von Ihnen und gibt ihn einem Mann, dessen Frau operiert werden muß. So nachlässig ein Fisch mit der Rückzahlung geliehenen Geldes sein kann, so freudig wird er Ihnen seinen letzten Heller geben, wenn Sie in Not sind. Und er wird es nicht eilig haben, ihn zurückzubekommen. Manchmal kann die Situation so verwirrend sein, daß Sie nicht mehr wissen, wer wem was schuldet. Der Fisch hat das unbestimmte Gefühl, daß das Geld geschaffen wurde, um unter die Leute gebracht zu werden. Wenn ein Mensch etwas braucht, sollte es dasein. Wenn man es nicht braucht, gibt man es weiter. Diese Theorie funktioniert überraschend gut bei den Fischen, aber andere Sonnenzeichen können dadurch etwas irritiert werden.

Die Fische-Angestellten gehen meist von selbst und werden nicht gekündigt. Sie sind zu gewandt und zu gewitzt, um auf den schmerzlichen Schlag zu warten. Dieser Mann spürt Ihr Mißhagen schon im voraus und schlängelt sich fort, bevor Sie Gelegenheit haben, ihn zu beschämen. Sie werden feststellen, daß der ledige Fische-Mann die Stellung weniger leicht wechselt als der verheiratete, dessen Frau wahrscheinlich arbeitet. Die Fische-Frau wird wahrscheinlich einfach darauf warten, daß irgendein Mann sie von dem widerwärtigen Konkurrenzkampf befreit, es sei denn, sie macht durch schöpferische Arbeit Karriere.

Es besteht wenig Gefahr, daß der Fische-Angestellte hinter Ihrer Stellung her ist. Wahrscheinlich bemitleidet er Sie im stillen wegen der Verantwortung, die Sie tragen müssen. Es ist schließlich schwierig, sich mit einer Last auf dem Rücken fortzubewegen, und Fische lieben Abwechslung. Wie lange Ihr Fisch in Ihrem Büro bleibt, hängt davon ab, wieviel Abwechslung Sie ihm bieten können. Wenn die Schnecken ihn zu langweilen beginnen oder die Wale und Haie drohen, ihn zu verschlingen, schwimmt er davon. Ein Fische-Angstellter wird niemals im Seetang hängenbleiben.

JOHAN BORGEN

Victoria Regia

Als er sie das erste Mal traf, war ihm gerade eine Fliege in die Nase geraten. Das war eine ungewöhnliche Situation und äußerst erniedrigend. Er hatte im Gehen den Zeigefinger der rechten Hand tief im rechten Nasenloch; trotzdem konnte er nicht umhin, ihr von dem Augenblick an, da sie auf ihn zukam, bis sie fast vorbei war, mit dem Blick zu folgen.

Er lief hinter ihr her und sagte: «Sie müssen wirklich entschuldigen, aber mir ist eine Fliege in die Nase geraten.» Er hatte den Finger jetzt aus dem Nasenloch gezogen, aber es kribbelte scheußlich darin. «Was wollen Sie von mir?» sagte sie erschrocken und entfernte sich von ihm.

Sie befanden sich in der kreisrunden Blumenhalle des Botanischen Gartens. Er war hierhergekommen, um die Victoria Regia blühen zu sehen. Das geschah jedes vierte Jahr. Er ging ihr nach, wollte nicht aufdringlich sein, aber er mußte sich erklären und wiederholte:

«Sie müssen wirklich entschuldigen . . .»

«Sind Sie schon wieder da!» rief sie ärgerlich. Sie sah sich um: «Es muß doch hier eine Wache geben –?»

Aber außer ihnen beiden war niemand da. Sie standen zwischen der nackten Betonwand in ihrem Rücken und dem eisernen Geländer, das im Kreis um das Bassin herumlief, in dem die unnatürlich große Pflanze schwamm.

«Ich war hierhergkommen, um die Victoria Regia blühen zu sehen», sagte er niedergeschlagen. «Es war eine einzige Fliege hier in der Halle, eine kleine Fliege, die dauernd um mich herumflog. Ich schlug nach ihr, um sie loszuwerden, und da flog sie mir ausgerechnet in die Nase.»

«Sie müssen verrückt sein», sagte sie. Sie sah sich ängstlich um.

Im selben Augenblick nieste er, und er konnte das Taschentuch gerade noch rechtzeitig hervorziehen. «Da können Sie es selbst sehen!» sagte er und hielt ihr das Ergebnis hin. Sie warf gegen ihren Willen einen Blick auf das Taschentuch in seiner Hand. Dort lag tatsächlich ein zerquetschtes Vieh von einer Fliege. Er nutzte den Augenblick und sagte: «Da sehen Sie selbst. Wäre es nicht so lächerlich und beschämend gewesen, daß ich Sie so aufmerksam betrachtete und im selben Augenblick den Finger in der Nase hatte, dann hätte ich Sie niemals belästigt.»

«Jetzt hören Sie endlich auf, von Ihrer Nase zu reden», sagte sie. Aber irgend etwas in ihrem Tonfall sagte ihm, daß sie besänftigt war.

«Sie müssen doch zugeben, daß es eine idiotische Situation war, eine Situation, die einer Erklärung bedurfte», sagte er.

Sie stellte sich mit dem Rücken zur Pflanze und legte die Ellbogen auf das Geländer. «Sagen Sie mal, können Sie überhaupt nicht aufhören?» sagte sie. Er erwiderte: «Kein Mann kann etwas dafür, wenn sein Blick von einer ungewöhnlich schönen Frau festgehalten wird, das passiert eben, und wenn er dann gleichzeitig wegen eines reinen Mißgeschicks mit dem Zeigefinger . . . entschuldigen Sie, ich gehe jetzt.»

Sie sah schnell auf in sein unglückliches Gesicht und sagte: «Meinetwegen nicht, ich habe keinen Anspruch darauf, in einer öffentlichen Anlage allein zu sein, wenn Sie mich bloß in Frieden lassen.»

«Ich will es versuchen», sagt er. Er ging hinüber auf die andere Seite der gewaltigen Blume, die zwischen ihnen im Bassin schwamm. Sie bildete eine mächtige Schale mit leicht aufgestülptem Rand um das ganze Blatt. In der Mitte befand sich eine riesige rote Blüte, doch wurde ihre Größe dadurch verringert, daß das Ganze so groß war. Sie starrten jeder von seiner Seite aus auf die Blüte. «Wenn man sie gesehen hat, dann hat man sie gesehen», sagte er vor sich hin.

Sie sagte: «Wie bitte?»

«Nein, ich sagte nur zu mir selbst, daß der Anblick einer solchen Blüte auf die Dauer ziemlich ermüdend ist.» Er wagte es nicht, von der Blüte aufzusehen. Er fürchtete, aufdringlich zu wirken.

«Sie blüht ja nur jedes vierte Jahr», sagte sie.

«Eben. Und das ist sonderbar. Aber wenn man sich darüber gewundert hat, dann – ja, dann ist es praktisch vorbei», sagte er.

«Ich finde das merkwürdig», sagte sie träumend. Sie betrachtete unverwandt die Blüte. Er sah sie jetzt an.

«Ich habe einmal einen Hungerkünstler gesehen», sagte er. «Es war in einem Zirkus. Er aß nur alle vierzehn Tage ein Brötchen. Ich sah ihn in dem Augenblick, als er das Brötchen aß.»

«Aber das ist ja der reine Unsinn», sagte sie aufgebracht. «Das hat mit dem hier überhaupt nichts zu tun. Es ist wissenschaftlich erwiesen, daß die Victoria Regia nur jedes vierte Jahr blüht.»

«Eben», sagte er und sah wieder auf die Blume. «Mein Hungerkünstler arbeitete auch unter Kontrolle. Der Notarius Publicus garantierte für ihn. Es war eine Sensation, zu sehen, wie er das Brötchen verzehrte.»

«Wenn sie nicht blüht . . .» sagte sie vor sich hin.

«Vier Jahre», sagte er hastig und ängstlich. «Sie wollen sich doch wohl nicht vier Jahre lang hier aufhalten!»

Sie sagte: «Ich glaube, Sie sind betrunken.»

Er spürte das Gewicht dieses Verdachtes. Wenn einen jemand für betrunken hält, ist man im Grunde ohne Verhör verurteilt. Ein Protest wirkt immer anders als beabsichtigt. Er entschied sich dafür, dem Ausgang zuzugehen. Die Hitze war sehr drückend. Aber an der Tür fiel ihm etwas ein, er drehte sich um und sagte: «Ich könnte Ihnen Essen bringen.»

«Essen?» sagte sie verwirrt.

«Ja, ich meine, falls Sie vorhaben, vier Jahre lang hierzubleiben. Ich könnte Ihnen in regelmäßigen Abständen Essen bringen, morgens, mittags und abends.»

Aber jetzt sah sie unheilverkündend auf, so daß er jäh stehenblieb, obgleich er wußte, daß er die besten Absichten hatte.

«Das widerspricht in Wirklichkeit völlig meiner Natur», murmelte er mit hängendem Kopf.

Jetzt sah sie ihn wieder an und bemerkte, daß er den Kopf hängen ließ, und sie fragte unwillkürlich: «Was?»

«Sie auf diese Weise zu plagen. Sie immer weiter auf diese Weise zu plagen.»

«Dann können Sie ja einfach damit aufhören», sagte sie. Aber es lag etwas Neckendes in ihrem Tonfall, das auf eine gewisse Neugier schließen ließ. Es war lähmend heiß in der Halle bei der gewaltigen Pflanze, die unbeweglich dalag und in selbstbetrachtender Merkwürdigkeit schwamm.

«Aber Sie müssen vom ersten Augenblick an einen völlig falschen Eindruck von mir bekommen haben», fuhr er fort. «Ich meine, da komme ich mit starrendem Blick und den ganzen Zeigefinger in der Nase begraben auf Sie zu.»

«Aber sind Sie denn vollkommen verrückt mit Ihrer ewigen Nase», sagte sie; sie wirkte eher erstaunt als eigentlich wütend. «Ich habe gar nicht bemerkt, daß Sie mich ansahen, falls Sie sich deswegen entschuldigen wollen, und schon gar nicht, daß Sie den Finger in ...»

«Der Nase hatten», sagte er. «Verzeihen Sie, ich wollte es nicht sagen. Es geschah eigentlich nur, um Ihnen zu helfen. Aber um so besser, ich meine, wenn Sie es nicht bemerkt haben.»

«Nun, dann ist ja alles in Ordnung. Ich hatte es nicht bemerkt.» Sie wandte sich wieder der Victoria Regia zu.

«Das ist übrigens recht eigenartig», sagte er vorsichtig und ging wieder raumeinwärts, «ich meine, daß Sie das nicht bemerkt haben. Ich meine – ja, Sie entschuldigen sicher – aber wenn ein Mann so auf Sie zugerannt kommt, den Finger – ja, also ...» Und als sie nicht antwortete, sondern nur dastand und die dumme Pflanze ansah, fuhr er verlegen fort: «Das einzige, was zu meiner Entschuldigung dient, ist die Tatsache, daß mir eine ...»

Er machte jäh kehrt und ging wieder auf die Tür zu. Sie hatte ihn mit Schwefel im Blick angesehen. Jetzt wandte sie sich demonstrativ dem Bassin zu, in dem die grüne Pflanze döste. Sie ließ den Blick am Rand des Blattes entlanggleiten und dann in das Zentrum, wo die große rote Blüte wie eine Flamme brannte. Das ganze Phänomen hatte etwas Maßloses an sich, das sie irritierte, etwas fast Unanständiges. Was hatte er gesagt? Wenn man sie gesehen hatte, hatte man sie gesehen. Es war tatsächlich etwas Richtiges daran. Die Pflanze war in keiner Weise interessant oder merkwürdig, abgesehen von der Größe, und dann eben von dem Umstand, daß sie so selten blühte. Was hatte er da von dem Mann mit dem Brötchen erzählt ... Nun gut, sie war gekommen, um die Victoria Regia blühen zu sehen, und jetzt hatte sie es gesehen. Aber der ganze Raum hier hatte etwas Grünes und Schlüpfriges an sich, das ihr die Entschlußkraft lähmte. Ob diese Mannsperson wohl noch immer hinter ihr stand oder ob er endlich gegangen war? Alles in diesem Raum hatte etwas ekelhaft Zähes an sich, etwas, das man nicht loszuwerden vermochte.

Jetzt stand er neben ihr, nicht sehr nahe. Sie sah nicht auf, ahnte ihn aber trotzdem. Sie fühlte sich selbst zäh und ekelhaft.

«Widerliche Pflanze», sagte er ganz leise.

«Wie bitte?» Es entfuhr ihr. Er sagte: «Entschuldigen Sie, ich habe laut gedacht.»

«Warum stehen Sie dann hier und betrachten sie – wenn sie so widerlich ist? Warum gehen Sie nicht einfach?» Sie merkte erstaunt, daß ihre Stimme hysterisch stieg.

«Ich begreife es nicht», sagte er leise. «Ich bin einmal als Kind hier gewesen, mit dem Kindermädchen und meinem Bruder. Da fand ich sie auch widerlich.»

«Aber Sie sind wiedergekommen!» entfuhr es ihr.

«Geht es Ihnen nie so, daß Sie einen Eindruck gern kontrollieren möchten?» sagte er. Und erneut empfand sie eine Art Wohlbehagen dabei, daß er sicher keine Antwort erwartete. Er sagte: «Kontrollieren, ob man derselbe ist; derselbe Mensch.»

«Na und», sagte sie, halb interessiert: «Waren Sie denn derselbe Mensch?»

«Es passierte damals etwas Seltsames», sagte er. «Als wir eine Weile im Garten spazierengegangen waren, trafen wir einen englischen Seeoffizier, ja, er war Offizier, ein gutaussehender Bursche, braungebrannt und mit eigenartig straffer Gesichtshaut. Unser Kindermädchen war ein sehr aristokratisches Kindermädchen. Aber sie kannte den Offizier, und wir hatten damals gerade britischen Flottenbesuch in der Stadt. So etwas wußten wir, denn wir gingen gern am Kai entlang und betrachteten die Schiffe dort draußen. Und es war offensichtlich, daß ihre Begegnung verabredet war.»

Sie beobachtete ihn verstohlen, während er redete. Er starrte unverwandt auf die unermeßliche grüne Pflanze in dem schleimigen Bassin, während er fortfuhr:

«Der Offizier gab meinem Bruder und mir jedem einen Riegel englische Milchschokolade, die Cadbury hieß, und dann sagte das Kindermädchen, das wir sehr liebten, wir könnten eine Weile hingehen und uns die Victoria Regia ansehen, oder jedenfalls taten wir das. Wir waren beide kleine Jungen, aber doch nicht ganz so dumm. Dann blieben wir hier stehen, genau so wie wir jetzt hier stehen, soviel ich sehen kann, hat sich nichts geänert: derselbe grüne Geruch, dieselbe klebrige Hitze, dieselbe dumme, tote Pflanze mit der gierigen Blüte ...»

Sie dachte: Ich begreife nicht, warum ich hier stehe und mir das anhöre. «Und dann?» sagte sie.

«Ich wurde furchtbar mißmutig. Mein Bruder, glaube ich, auch. Wir sagten nichts davon. Wir sagten überhaupt nichts. Wir standen bloß da und betrachteten eine ganze Ewigkeit lang diese Blüte. Bis sie hereinkamen, der Offizier und das Kindermädchen. Ich habe niemals ein so frohes Gesicht gesehen wie das ihre in dem Augenblick, und ich hatte sowohl sie als auch den Offizier gern, weil sie ein so frohes Gesicht hatte.»

«Und weiter?» sagte sie. Sie hätte sich auf die Zunge beißen mögen.

«Später hatte sie kein frohes Gesicht mehr. Sie wurde irgendwie religiös und verließ uns.»

«Das tun Hausgehilfinnen nun mal ...»

«Sie war acht Jahre lang bei uns gewesen.»

«Wie alt waren Sie damals?» sagte sie. Sie fühlte sich beklommen.

«Acht Jahre.» Sie wußte nicht, was sie sagen sollte.

«Die verfluchte Pflanze!» sagte er plötzlich hart. Und kurz darauf: «Matrosenanzüge hatten wir auch aus irgendeinem Grunde an. Können Sie sich etwas derartig Idiotisches vorstellen!»

Sie wußte nicht recht warum, aber das Bild der beiden enttäuschten Jungen in Matrosenanzügen stand auf einmal leibhaftig vor ihr. Diese ganze künstlich erwärmte Halle hatte etwas beklemmend Zeitloses an sich. Ein unerträgliches Gefühl überkam sie, daß sie es plötzlich war, die sich ihm aufdrängte. Deshalb sagte sie, um ein Ende zu machen: «Und jetzt kommen Sie nach all den Jahren wieder hierher, und es gerät Ihnen eine Fliege in die Nase . . .»

Er sah sie überrascht an. Es war offensichtlich, daß er den Zusammenhang nicht begriff. «Ja, allerdings», sagte er geistesabwesend. Und dann auf einmal aktiv: «Ich entsinne mich nicht mehr, wie sie aussah, aber jetzt weiß ich, daß sie Ihnen ähnlich war.»

Sie fühlte sich unangenehm berührt. «Was ist das für ein Unsinn», sagte sie, «wenn Sie sich nicht entsinnen können, wie sie aussah.»

«Sie war das Lieblichste, was mein Bruder und ich uns denken konnten», sagte er.

Wie schnell sich eine Situation verwandelt, dachte sie. Erst war es komisch und sehr unangenehm. Jetzt ist es nicht mehr so unangenehm, aber auch nicht komisch. Sie mußte der Sache ein Ende machen.

«Und hierher kommen Sie also oft», sagte sie.

«Jedes vierte Jahr.»

Ja, jetzt war sie es, die sich ihm aufdrängte. Jedes seiner Worte war gleichsam ein Geständnis. Das war peinlich. Sie ging auf die Tür zu.

«Gehen Sie?» sagte er. Es war fast eine Erleichterung, daß er es wieder war, der sich ihr aufdrängte.

«Ja, jetzt habe ich die Victoria Regia gesehen.»

Die wenigen Schritte bis zur Tür des Ausgangs erschienen ihr als ein endloser Weg. Was war denn bloß so Lähmendes an der Hitze hier drinnen, an der gewaltigen, gierigen Pflanze, die dort in selbstzufriedener Ruhe schwamm und sich in ihrer Trächtigkeit beschauen ließ ... Das alles war ihr zuwider. Trotzdem drehte sie sich noch einmal um. Und abermals stand das Bild der beiden kleinen Jungen in altmodischen Matrosenanzügen deutlich vor ihr, die schweigend an dem eisernen Geländer in dem künstlichen Unterwasserlicht lehnten, und sie sah die beiden hereinkommen, jenes Paar, sie, die Liebliche, und ihren englischen Offizier in Urlaubsuniform. Ein Genrebild von etwas Vergangenem, das mit seinem Idyll und seinem schwülen Frieden niemals wiederkehren würde. Und dennoch etwas, das für den, der es erlebt hatte, immer von neuem wiederkehrte.

«Sie sagten, einen Eindruck kontrollieren?» fuhr sie fort.

«Eben!» sagte er eifrig. «Ist Ihnen das nie eingefallen?»

Und unter dem Gewicht dieses Vergangenen, das sie auf einmal nicht abzuschütteln vermochte, begriff sie den Unterschied zwischen zwei Arten von Menschen – immer diese Aufteilung der Menschen in zwei Arten! *Eine*, die sich erinnerte, die stockte, die zurücksah und steckenblieb – und *eine*, die ... effektiv war. Und sie empfand ganz plötzlich ihre eigene zweckbetonte Effektivität in allen Dingen, ihre bisherige Geistesgegenwart als etwas ... Armseliges.

Aber als der Gedanke gerade soweit gedacht war, riß sie sich abermals von dieser unwürdigen Sentimentalität los. Da draußen, wenige Schritte entfernt von diesem künstlichen Raum mit seinen Gespenstern und seiner stupiden Pflanze in dem Teich – da draußen war der Sommerabend klar und frisch, und der gute Lärm der Stadt drang zwischen Baumkronen und Rabatten herein und war wie ein Wecker über all dieser künstlichen Natur, in der jedes Gewächs mit Holztäfelchen bezeichnet war. Sie wußte, wenn sie nur durch die Tür hinaus und ins Freie kam, dann war sie – gerettet. Gerettet! Schon das Wort als Gedanke entsetzte sie. Was in aller Welt hatte sie mit sich in diesem hypnotisierenden Raum mit diesem Fremden geschehen lassen, der ihr seine Eindrücke aufgezwungen hatte.

«Kontrollieren», wiederholte er leise – «nein, nicht den Eindruck, nicht die Richtigkeit einer Erinnerung, das läßt sich nicht kontrollieren; aber wer man ist.»

Das war Pathos. Das war Getue. Sie wollte sich das nicht gefallen lassen. «Nun, und wer waren Sie denn?» entschlüpfte es ihr. Gegen ihren Willen kam das in einem neckenden Tonfall, so als flirte sie.

«Nein – denn da kamen Sie herein», sagte er.

«Und ich erinnerte an das Kindermädchen . . .» Wieder diese unangebrachte Ironie.

«Und alles erinnerte an damals.»

Wie sich die Situation änderte. Jetzt – in diesem Augenblick, als sie gerade gehen wollte – stand auf einmal eine große Spannung zwischen ihnen, etwas geradezu Handgreifliches.

«So als wäre ich immer hier gewesen», sagte er.

«Dann sind Sie das vielleicht auch!» sagte sie obenhin.

Er sagte schnell: «Glauben Sie?»

Sie fror in der Wärme bei der gierigen Art und Weise, in der er sie zu verpflichten wußte, lediglich mit Hilfe eines gesagten Wortes, eines Wortes, nur so hingeworfen aus Höflichkeit, aus Mitleid – was wußte sie?

«Ich», sagte sie ärgerlich, «was habe ich dabei zu glauben?»

«Nein, da haben Sie recht», sagte er verzagt. «Aber glauben Sie das?»

Der Teufel hole diesen Kerl. In dem einen Augenblick gab er auf wie ein Kind, und im nächsten nahm er es zurück – wie ein Kind.

«Ihre Erinnerungen interessieren mich wirklich nicht weiter», sagte sie. Doch sie dachte wiederum aufgebracht: Das klang damenhaft, dumm. So antworten Damen, die angesprochen werden, dachte sie.

«Glauben Sie es?» wiederholte er und kam etwas näher. Aber die Wand aus Spannung war noch immer zwischen ihnen.

«Was glaube ich?» Jetzt hatte sie es tatsächlich vergessen!

«Daß ich immer hier gewesen bin?»

«Ich glaube weder das eine noch das andere», sagte sie. Aber jetzt klang es wieder falsch. Es war aber auch zu dumm, daß sie ihren eigenen Tonfall hören mußte. Verweichlicht, dachte sie. Verweichlichter Junge. Kindermädchen und Matrosenanzug. Sie empfand eine wütende Befriedigung über den scharfsinnigen Schluß dieses Gedankens.

«Das ist es wohl, was man überwinterte Infantilität nennt», sagte er.

Sie zuckte zusammen. Sie wollte es sich nicht gefallen lassen, hier ihrer Gedanken beraubt zu werden, so daß sie in seinem Munde die Form einer gegen ihn gerichteten Unverschämtheit annahmen.

«Das haben Sie gesagt!» entfuhr es ihr. Und er: «Sie haben es gedacht. Und es ist vermutlich sowohl richtig als auch verkehrt, wie die meiste Psychologie. Das ist im Grunde nicht so wichtig», setzte er hinzu.

Sie sagte: «Nein, stellen Sie sich vor, das finde ich auch.» Sie stand da und dachte an die Welt draußen, die wirkliche Welt, der sie angehörte. Aber sie sehnte sich nicht mehr so aktiv zu ihr hinaus.

«Straßenbahnen und Bäume da draußen», sagte er. «Gott weiß, ob sie so viel wirklicher sind.»

Sie sagte: «Ihr Scharfsinn geht mir etwas auf die Nerven. Vielleicht gestatten Sie, daß ich meine Gedanken für mich behalte?»

«Verzeihen Sie», sagte er, «ich glaubte, es wären meine.»

Die Spannung stand wie ein Stoff zwischen ihnen, wie ein selbständiger Organismus. Das Unbehagen über die aufgezwungene Intimität empfand sie wie Schuppen auf dem Kragen ... Eben, dachte sie, genau das: wie Schuppen auf dem Kragen; ich bin innen und außen hygienisch, ich bin gesund.

«Sie war von einer eigenen Gesundheit», sagte er aus der grünen Dunkelheit heraus.

«Wer?»

«Das Kindermädchen, und trotzdem war sie irgendwie geheimnisvoll.»

Es war jetzt viel dunkler in der Pflanzenhalle geworden. Offenbar senkte sich die Dämmerung über den Garten. Man merkte es am Oberlicht.

«Ich glaube, der Offizier war zu einfach für sie», sagte er. «Er sah im Grunde aus wie ein Rechenexempel.»

«Aber Sie – Sie sind also kompliziert?»

«Nicht sonderlich. Ein wenig vielleicht.» Sie dachte: Falls er kokett ist, ist er es maßlos.

«Außerdem glaube ich, daß er sie verlassen hat», sagte er und sah im selben Augenblick traurig aus.

Sie sah schnell an sich selbst hinab, dann in dem dichten Raum umher und abermals an sich selbst hinab. Sie empfand eine zufriedene Bestätigung bei dem, was sie sah: eine Strenge, die beabsichtigt und vielleicht ein wenig anerzogen war: tailor-made; ein Typ. Doch gleichzeitig spürte sie eine vibrierende Unruhe, die neu war. Wäre ein Spiegel dagewesen, würde sie sich völlig sicher gefühlt haben. Sie lehnte sich über das Geländer, um wenigstens das Gesicht spiegeln zu können.

«Spieglein, Spieglein an der Wand ...»

Er war wieder an die andere Seite des Bassins gekommen. Sie sah wütend auf, weil sie auf frischer Tat ertappt worden war.

«Ich will Ihnen etwas sagen», begann er höflich entschuldigend und kam am Geländer entlang auf sie zu. Sie dachte wieder, todmüde: Warum gehe ich nicht?

«... sie, ja also mein Kindermädchen, ihr konnte man die Geheimnisse auch ansehen – nein, Sie dürfen mich jetzt nicht unterbrechen, denn ich möchte Ihnen so gern etwas sagen. Sie glaubte nämlich, sie könnte sie geheimhalten, ich meine das Geheimnisvolle, das sie an sich hatte ... ja, denn entweder hat man es – oder man hat es nicht ...»

Er war jetzt fast neben ihr. Sie sagte: «Sie waren also in Ihr Kindermädchen verliebt?»

«Warten Sie ab», sagte er. «Vielleicht. Aber was ist eine Verliebtheit, die nichts von sich selber weiß? Natürlich waren wir verliebt, alle beide – mein Bruder und ich. Aber ohne es zu wissen. Wir waren hingerissen ... von dem Geheimnisvollen an ihr.»

«Herrgott, wie mich Ihr Kindermädchen langweilt», sagte sie.

«Das Merkwürdige ist», sagte er schnell, «daß sie das nicht tut. Sie sind ein wenig mit ihr beschäftigt. Ich sagte, Sie erinnerten an sie. Das war kein Trick. Das stimmte. Und Sie sollen mich anhören.»

Wieder war da dieses kindlich Flehende. Außerdem hatte die Luft in dem runden Raum sie ermüdet.

«Er – der Seeoffizier, er gewahrte es nicht. Das Geheimnisvolle. Er gewahrte nur das, was offenbar an ihr war, das Brave, das Schöne, das durch und durch Anständige. Es überraschte ihn. Und deshalb war es *das*, was er schätzte und bewunderte.»

Sie sagte, während sie sich schamvoll ein wenig von ihm zurückzog:

«Es hört sich gar nicht so dumm an, was Sie da über ihn sagen. Es gibt sicher nicht sehr viele Männer, die gerade *das* an einer Frau bewundern ...»

«Viel zu viele», sagte er wieder in seiner schnellen Art. «Wir – mein Bruder und ich – wir waren nicht so schicklich. Wir wußten nichts von unseren eigenen Gefühlen, wir hatten keine Erfahrungen hinter uns, deshalb beteten wir keine Strenge an, sondern etwas, worauf wir vielleicht hofften.»

Sie lachte. «Ach, Herrgott, wie leicht Sie zu durchschauen sind!»

«So etwas sollen Sie nicht sagen», erwiderte er ernst. «Sie nicht. Denn Sie waren es, die hereinkam, als ...»

«Als –?» sagte sie. Und erneut hätte sie sich auf die Zunge beißen mögen.

«Als ich hier stand und gleichsam – kontrollierte, wer ich war ... ja, ob ich nur noch ein winziger Rest von jenem kleinen Menschen im Matrosenanzug war, der ...»

Sie sagte, weil er innehielt: «Ihr Bruder?»

«Wir duellierten uns.»

«Ihr –?»

«Wir duellierten uns. Schlugen uns. Mit Holzschwertern.»

«Wer gewann?» Er merkte nicht, daß sie ihn neckte.

«Ich.»

Er hatte jetzt etwas eigenartig Herausforderndes an

sich, das ihr bisher nicht aufgefallen war. Sie dachte «Poseur», «frech».

«Aber *sie*!» – Er rief es beinahe. Das Echo hallte von den gewölbten Wänden und der Rundung des Daches wider.

«Na ja – was war denn mit ihr?»

«Sie wußte es nicht. Sie betete es an, um ihres Typs willen angebetet zu werden, den sie sich zugelegt hatte. Er schrieb ihr – der Offizier, ich holte selbst die Post, daher weiß ich es. Aber das wurde immer seltener.»

Sie sah in sein erregtes Gesicht. Er stand jetzt dicht neben ihr: «Einige Briefe öffnete ich mit Hilfe von Dampf. Ich verstand nicht soviel Englisch, ich benutzte das Lexikon. Er liebte sie immer weniger, und ich begriff das, bevor sie es ahnte. Ich haßte ihn.»

Sie dachte: Ich will hier weg, ich muß gehen. «Ich muß gehen», sagte sie, ohne es zu wollen.

«Und ich werde Sie nicht halten. Ich meinte es wirklich nicht. Ich mußte bloß wissen – und deshalb komme ich von Zeit zu Zeit hierher, jedes vierte Jahr . . . ob ich . . .»

«Was ist aus ihr geworden?» flüsterte sie.

«Heilsarmee.»

«Heils . . .»

«Ja. Und da kamen Sie herein. Sie müssen jetzt gehen. Sie sollen gehen. Denn da kamen Sie herein. Hierher. Zur Victoria Regia. So heißt sie übrigens nicht in der Wirklichkeit.»

«Wirklichkeit –?» Sie dachte an den Park da draußen, an die Stadt, die zwischen den seltenen Bäumen hindurch mit all ihrem Lärm hereindrang; an ihre ganze wohlgepflegte, etwas strenge Person. Sie sah an sich hinunter. Sie sah die Pflanze an. Es lag etwas gehässig Besserwisserisches in dem roten Auge, das glanzlos in eine verschlossene Welt heraufstarrte.

«Was ist denn das für eine Wirklichkeit, von der Sie

dauernd reden? Sie stehen hier und kriegen eine Fliege in die Nase!»

«Weil ich aufgebrochen war und nach der Wirklichkeit suchte . . .»

«Dann reden Sie von einem Kindermädchen . . .»

«Die ihre Wirklichkeit versäumte, um ihrem Typ nachzuleben.»

«Dann belästigen Sie mich mit Ihren düsteren Erfahrungen.»

«Die sich an eine Pflanze knüpfen, ein widerliches, verwachsenes Geschöpf, das sich großartig ausnimmt und Museumsgegenstand wird.»

«Und das alles in der Absicht, mich zu verwirren; ich bedaure lediglich, daß Ihnen das für einen Augenblick gelang!»

«Nicht zu verwirren. Zu warnen. Dieses Kindermädchen – wissen Sie, was? Bis in ihr hohes Alter fiel sie in gewissen Abständen, periodisch und tief. Sie mußte jedesmal von neuem erlöst werden.»

«Mein Gott – Sie wollen mich also vor der Anständigkeit warnen?»

«Genau das!» sagte er und stand ganz nahe, doch dann ruhig: «Ich liebe Sie nämlich.»

«Unsinn!» sagte sie leise. «Woher können Sie wissen . . .?»

Aber er unterbrach sie:

«Ich kann wissen. Ausnahmsweise einmal. So etwas kommt vor. Ich weiß nicht. Das ist jedenfalls vorgekommen.»

Sie schwieg eine Weile: «Und deshalb haben Sie mir das alles serviert?»

«Nicht deshalb. Das ergab sich. Sie traten in den Raum. Die verfluchte Pflanze lag da und leuchtete mit ihrem – roten Schoß. Einen Augenblick lang war der Raum von

Vergangenheit erfüllt. Ein Vier-Jahres-Rhythmus, der sich endlich vollzogen hatte, in einem größeren Rhythmus aufgegangen war, wo er hingehörte. Sie standen hier, und die Rechenaufgabe war nahe daran, aufzugehen.»

«Ist sie denn aufgegangen?»

«Es fehlte nicht viel daran. Sie stehen da und umklammern Ihre Tasche, daß die Knöchel weiß werden. Sie sind nicht mehr so unangreifbar wie bei Ihrem Eintritt. Sie müssen sich jetzt retten – wie Sie vorhin dachten –, bald kann es zu spät sein. Denn wie ich Ihnen sagte: Ich liebe Sie.»

«Und wenn Sie nun ganz einfach verrückt sind?»

«Das bin ich nicht. Wenn wir davon absehen, daß ich Sie liebe. Gehen Sie jetzt.»

«Sie können mich nicht fortjagen. Sie können gehen.»

«Ich kann nicht. Sie können.»

Sie schwieg eine Weile, sah an sich selbst hinunter. Tailor-made, dachte sie; Typ. Sie war fünfundzwanzig. Sie hatte fünfundzwanzig Jahre gebraucht, um den Typ aufzubauen.

«Ich kann nicht», sagte sie.

Die Victoria Regia lächelte tückisch in der Dämmerung.

Quellennachweis

An dieser Stelle danken wir den nachstehenden Rechtsinhabern, die uns freundlicherweise den Nachdruck folgender Beiträge gestatteten: Diogenes Verlag, Zürich: *Carson McCullers · Ein Baum, ein Felsen, eine Wolke* (aus: «Prosa»); Fischer Verlag, Frankfurt: *Johan Borgen: Victoria Regia;* Scherz Verlag, Bern und München: *André Barbault · Erlösende Liebe, Beruf als innere Berufung* und *Das liebe Geld* (aus: «Charakter und Schicksal des Menschen im Tierkreis»), *Carole Golder · Traumpartner der Liebe* (aus: «Die Kunst, ein Sternzeichen zu verführen»), *Linda Goodman · Sein Geheimnis in der Liebe* (aus: «Sternzeichen der Liebe»), *Der Fisch als Chef – Ein Menschenkenner* und *Stets die rechte Hand: Der Fisch als Angestellter* (aus: «Astrologie – sonnenklar»), *Liz Greene · Wanderer in höheren Sphären* und *Die dunklen Seiten* (aus: «Sag mir dein Sternzeichen, und ich sage dir, wie du liebst»), *Carola Martine · Sinnlichkeit im Zeichen der Fische* und *So fängt man's an* (aus: «Die Sinnlichkeit der Sternzeichen») und *Joseph Polansky · Kleines Psychogramm* (aus: «Glückszeichen der Sterne); den Erben von Elisabeth Schnack: *David Hogan · Wenn die Forelle springt;* Suhrkamp Verlag, Frankfurt: *Bertolt Brecht · Der Mantel des Ketzers.*

In jenen Fällen, in denen es nicht möglich war, den

Rechtsinhaber resp. Rechtsnachfolger zu eruieren, konnte ausnahmsweise keine Nachdruckerlaubnis eingeholt werden. Honoraransprüche der Autoren oder ihrer Erben bleiben gewahrt.